李零 著

考古笔记　疫中读书记

READING ARCHAEOLOGY

|上篇|

考古
研究大历史

生活·讀書·新知 三联书店　生活書店出版有限公司

自今视昔，不再遥远

目录

- i 自 序

- 001 上篇 考古研究大历史
- 003   I   从博物馆说起
- 023   II   什么是考古
- 045   III 什么是考古学
- 069   IV 什么是考古学家
- 093   V   世界考古学史
- 141   VI 中国考古学史
- 175   VII 读《剑桥中国上古史》
- 227 附 录 史学与考古：如何整合

233　中　篇　我身边的考古学史

235　I　夏鼐师承记

285　II　夏鼐的"周公之梦"

329　III　苏秉琦的"区系类型"说

363　IV　张光直的"两系文明"说

391　V　新旧之争

419　VI　读其书如见其人

451　附　录　考古百年——"新知大会"第三季发言

461　下　篇　魂断蓝山
463　　Ⅰ　《史前学家柴尔德传》
523　　Ⅱ　《柴尔德的方法和理论：史前史的经济、社会和文化阐释》
561　　Ⅲ　《柴尔德：考古学的革命》
615　　Ⅳ　《柴尔德的神秘生涯：人类精神的独特显现》
667　　Ⅴ　《致命的政治诱惑：柴尔德的生平和思想》
735　附　录　柴尔德的书
756　总　结
774　后　记

自序

考古学是一门年轻的学问，但它研究的却是遥远的过去，时历千古，纵横万里。"究天人之际，通古今之变"，用在它的身上最合适。

20世纪离我们最近。研究考古学史，这段最重要。柴尔德（Vere Gordon Childe）是近百年来世界最伟大的考古学家。他的名山之作诞生于1920年代。我国的考古学也是从1920年代才开始起步。这一百年来的考古学史，既投放其光芒于万古长夜，又折射出当代历史的每一步，因为它毕竟是当代人做出和写出的历史。

这段历史值得回味。

我不是考古学家，只是考古学的读者——一位旁观者。

这本小书是我的读书笔记。我理解，考古学是一门研究"人类从哪里来到哪里去"的大学问。这门学问跟所有人有关，每个读者都应该关心。而考古学家呢，他们也有责任把其中的道理说清楚，讲明白——向所有人，而不只是学者。

我不相信，考古学是与世隔绝象牙塔中的学问，高深到无人问津，只能用"学术黑话"交谈的地步。考古学的老家好像没有这种说法。[1]

我记得，从前批判"成名成家"思想，提倡献身革命工作，干考古的人是叫"考古工作者"，[2]很少有人自称什么"家"，就算有"考古学家"

---

[1] 西方考古特重大众考古。大众考古，途径有三。一是博物馆，早期考古是为博物馆供货，供货靠海外探险、海外发掘，没有好的展览，吸引公众，就筹不到钱，筹不到钱，就无法继续发掘；二是广电（广播和电视），如BBC请惠勒（Mortimer Wheeler）做节目，请的都是考古大家（柴尔德也参加过），不是大家还不配出场，大家才有号召力；三是通俗著作，他们的通俗著作多出大家之手，柴尔德是开风气之先的代表人物，他把考古当"通古今之变"的大学问，他把考古普及叫"考古民主化"，大众和大家是互动关系。

[2] 劳动分脑力劳动和体力劳动，孟子叫"劳心""劳力"。"科学工作者"（scientific worker），是非常左翼非常社会主义的叫法，劳心、劳力都可以叫"工作者"，体现平等。如1950年代柴尔德参加过的英国科学工作者协会（Association of Scientific Workers）就把科学家叫"科学工作者"，其实也可以叫"科学工人"。我国解放初也用这个词。

这么个头衔吧,也就仨俩人配叫。我在社科院考古所工作那阵儿,年轻人都是"小媳妇",我没听说过什么"青年考古学家"。如今,"考古学家"突然多起来,好像干考古的谁都可以戴这顶帽子。我琢磨,今之"考古学家",大概只是泛称的 archaeologist,俗称"考古人"。如前两年上洛阳,史家珍(时任洛阳市文物考古研究院院长)请我喝他特意定制的一种白酒,就叫"考古人酒"。干考古的喜欢抽烟喝酒,但抽烟喝酒的不一定都是考古学家。所谓"人"也者,-ist 之谓也。[1]

现如今,这种叫法很流行,如用天文望远镜放眼宇宙看星星的人叫"天文人",跋山涉水满地找矿的人叫"地质人",这种什么什么"人",无非是说,你在什么单位干什么事,靠什么养家糊口,即从事某种职业的人。"考古人",有点像过去的"考古工作者",低调,平等,一视同仁,大家都是人,我喜欢,但有些叫法容易造成误会,比如"植物人""动物人"。

前两年,许宏在北大文研院驻访,搞了很多活动,每次都拉我参加。我在楼上开了门阅读课,读《剑桥中国上古史》,每次他都来参加。罗森和夏含夷也参加过我的课。

有一次,许宏搞活动,他在台上问台下,李零是考古学家吗?我不知道他想问什么。活动结束,到勺园吃饭,饭桌上,王占奎问我,你怎么不回答?我说,没必要回答。因为我早就不干考古,也离开了考古单位,1985 年以来,我一直在北大中文系。虽然我没有学过中文系的各种课程,我是以古文字的名义调入。

---

[1] 我理解,"军人"和"军事学家"还不能画等号。"军人"可能只是普通一兵,soldier 或 army man,"军事学家"可不是随便叫的,孙武子、克劳塞维茨,那是 military strategist,懂得大战略。

后来呢，许宏自问自答，他说我"也是，也不是"。我猜，大概他是想起我在考古所学过考古也干过考古，"也是"是过去时，"也不是"是现在时。

其实，我早就说过，不止一次说过，我不是考古学家，只是考古学的读者，见拙作《说考古"围城"》(1996年)、《一个考古读者的希望——"新世纪中国考古学传播"学术研讨会上的发言》(2003年)、《考古：与谁共享——读〈赫章可乐二〇〇〇年发掘报告〉》和《第一推动力——怀念俞伟超老师》(2009年)。[1] 在我心里，单位只是个挣钱吃饭的地方。我从不认为，我端谁家的饭碗，就必须从一而终。我说，我是"学术乞丐"，吃百家饭长大，我就是我，我才不在乎我算哪行哪业哪门子家。

孔子曰："古之学者为己，今之学者为人"(《论语·宪问》)。"为己"是为自己求知，不是为了出人头地，满足学术界的认可或读者、粉丝的追捧。

人都是先当学生，后当老师；先当读者，后当作者。而且就是当了老师，当了作者，也还要学，还要读，一辈子当这个都不寒碜。

我常说，我当作者，我是第一读者，我当老师，我是第一学生。我喜欢写书，但更喜欢读书。我说，我怕讲课，自己都没学好，何以教人。我是拿我的书，拿我的文章，当读书笔记和备课笔记来写，把求知当第一位。我的书很多都来自课堂。说是教学生，其实也是教自己。

陈胜前写过一本书，叫《学习考古》。他说，他之所以写这本书，原

---

[1] 前三篇文章，收入拙作《何枝可依》(北京：生活·读书·新知三联书店，2009年，115—146页)；第四篇文章，见中国国家博物馆、北京大学考古文博学院编《俞伟超先生纪念文集(怀念卷)》，北京：文物出版社，2009年，139—152页。

因之一是"我一直都是学生,甚至当了许多年教师之后,还是像学生"。[1] 这样的话,我爱听。过去我是学考古的学生,现在也是,过去我是考古学的读者,现在也是,这就够了。

考古学是门基础学科,特别是对广义历史学而言。所谓基础学科,就是给很多学科提供精神食粮。农民种地,是给全社会吃,不光给自个儿吃。

许行,中国古代的重农主义者,崇拜神农,喜欢种地。种地重要,谁都得吃饭,这个道理没错。但他认为,天下人全都种地,这个世界就变好了,其他都是多余,这就过了。孟子跟许行的学生陈相说,你这个老师,他头上的帽、身上的衣、煮饭的锅、耕田的犁,总不是种出来的吧(《孟子·滕文公上》)。

我在考古所时,经常听到一种说法,咱们搞考古的跟搞历史的就是不一样,文献,我们也会玩,考古,他们完全不懂。我离开谁都行,谁离开我都不行。

离开考古所,我串过很多行。我发现,别的行当也有类似讲法,而且越是垫底的学科越爱这么讲。比如搞历史的吧,有人相信,历史学就是史料学,他们说,史料我最熟,历史我最牛。但搞文献的说,你说的史料是啥东西,还不就是古书,你不懂版本、目录、校勘,搞什么历史。搞文字的就更牛了,他们说,古书还不都是由字写成,你不懂古文字,什么都是瞎掰。

这些"老子天下第一",都是蔽于一曲之学。《荀子》有《解蔽》篇,值得一读。我串过很多行,见得多了,听得多了,互相比一比,其蔽自

---

[1] 陈胜前《学习考古》,北京:生活·读书·新知三联书店,2018年,自序,2页。

见。我理解，学术乃天下公器，是为全社会、全人类提供精神食粮。"老王卖瓜，自卖自夸"，瓜再好，总要卖给大家吃吧？否则夸什么夸。好瓜，没用过农药，自产自销，全都留给自个儿吃，你也吃不完呀。

行里人讲行外人，现在有个说法，叫"吃瓜群众"。[1] "吃瓜群众"有什么不好？我作为读者，不懂才学，不懂才问，"学问"不就是打这儿开始的吗？更何况，我是"吃水不忘打井人""吃瓜不忘种瓜人"。我总是跟别人讲，考古如何如何重要，总是向各种年龄各种身份的考古工作者请教，总是把考古资料当我的研究基础，感谢他们的辛勤奉献。很多行里人都是我的好朋友，他们并不拿我当外人。

瓜，种出来就是给人吃的，只要正道上来的，没偷没抢，谁都可以吃。瓜好不好，只有吃完了才知道。种瓜，没人吃，是最大的不幸。

读书是对写书人的尊重，正如吃瓜是对种瓜人的尊重。

申谢：

本书写作过程中，曾向王世民、徐光冀、严文明、郭大顺、罗泰等先生请教，获益良多。每天早晨散步，与老友李水城聊天，深受启发。王睿、来国龙、李旻、张瀚墨、孟繁之、王丁、曹明明、冯坤、王晓娟、马轶男、李彦楠、杨帅、陈彬彬、李慎谦、熊长云也为复制资料、提供信息和校对稿件付出辛勤劳动，均此致谢。

2021年5月10日写于北京蓝旗营寓所

---

[1] 英文 amateur 和 layman 有别。前者接近我们说的"业余爱好者"和"票友"，后者相当我们说的"门外汉"和"吃瓜群众"。

上篇

考古研究大历史

从博物馆说起

聊天，最好仨人，你、我、他，[1]海阔天空，一杯清茶。考古是个很大的话题，涉及面极广，跟所有人有关。

很久了，我一直想跟行里行外的朋友一块儿聊聊考古，好像三人对谈。我的谈话对象不光是学者，也包括普通百姓。

这话从哪儿说起？我想，最好还是从博物馆说起。公众对考古的了解跟博物馆有很大关系，很多印象、很多知识，都来自博物馆。

请注意，"博物馆"有个"物"字，考古首先是从"物"开始。

最早的博物馆

一部博物馆史，从何说起，欧洲人说，当然是文艺复兴了。文艺复兴（Renaissance）是复古运动，复古复的是希腊、罗马之古。

博物馆，希腊文作 *mouseion*，拉丁文作 *museum*。这个词的本义是缪斯庙。缪斯（Muses）是希腊的文艺女神。希腊化时期，托勒密一世（前367—前282）或托勒密二世（前282—前246）时，埃及的亚历山大城建有一座缪斯庙。[2]或说这就是世界最早的博物馆。另一种说法，新巴比伦纳波尼德王（前556—前539）的女儿南娜公主（Princess Ennigaldi-Nanna）在乌尔古城的寝宫（E-Gig-Par）才是世界最早的博物馆。前者是希腊化的博物馆，后者是近东的博物馆。其实，这些"最早"只是西人眼中的"最早"。

现代欧洲博物馆的兴起跟文艺复兴掀起的复古思潮有关。这类思潮，追慕的是古典时代的希腊、罗马。但"古典世界"的前面还有欧洲史前

---

[1] 人类学家有"我者"（myself）、"他者"（others）之辨。其实"我"是说话人，"你"是对话者，"他"是旁听者。三种角色可以互换。
[2] 见[古希腊]斯特拉博《地理学》，李铁匠译，上海：上海三联书店，2014年，1145页（XVII, I, 7）。

史（prehistory），"古典世界"的旁边还有埃及、亚述、巴比伦、赫梯、波斯等古国，真是"山外有山，天外有天"。考古就是沿着这类线索一步一步往前追，追到天涯海角，追到地老天荒。

最早的博物馆跟藏宝有关。欧美博物馆，特别喜欢用Treasure这个词吸引公众。Treasure的意思是珍宝或宝藏。如特洛伊宝藏（Troy Treasure）、阿姆河宝藏（Oxus Treasure）、彼得大帝宝藏（Peter the Great's Treasure），都用这个词。珍宝往往跟皇家收藏有关。如故宫博物院，就是从清室逊位办古物陈列所而来。法国的卢浮宫、俄国的艾尔米塔什，也是如此。这两个博物馆，从前也是皇宫，革命后，对民众开放，才变成博物馆。

珍宝对公众最有吸引力。

那宫里的东西又打哪儿来呢？清宫造办处造的是新东西，其他，不是从前朝接收，就是从各省或外国采办，有些是贡品，有些是礼品，有些是战利品，有些是罚没的家产，甭管是主动孝敬，还是被迫拿出来，全跟权力有关。所以我说，最早的博物馆跟两件事分不开，战争与革命。

战争，一国把另一国打败，好东西装箱，运走，拿来，搁自己家把玩，是常有的事。革命，易姓而王，一个朝代推翻另一个朝代，前朝的宝贝归了胜利者，也是很好的纪念。古书上的"革命"，本来就是这么"革"。

最早的博物馆什么样？这经常让我想起《尚书·顾命》的描述：

……越七日癸酉，伯相命士须材。狄设黼扆、缀衣。牖间南向，敷重篾席，黼纯，华玉仍几。西序东向，敷重厎席，缀纯，文贝仍几。东序西向，敷重丰席，画纯，雕玉仍几。西夹南向，敷重筍席，玄紛纯，漆仍几。越玉五重，陈宝、赤刀、大训、弘璧、琬琰，在西序；大玉、夷玉、天球、河图，在东序。胤之舞衣、大贝、鼖鼓，在西房；兑之戈、和之弓、垂之竹矢，在东房。大辂在宾阶面，缀辂在阼阶面，先辂在左塾之前，次辂在右塾之前。

武王革命，瓜分战利品，用青铜器、玉器犒赏陕西来的将士，古人叫"分器"。[1] 我们从商周墓葬的随葬品看，其中不光有前朝的东西，还有年代更早的古董（如红山玉器和石家河玉器）。周成王的宫殿，地上铺席子，席上放案子，屋里陈设玉器、乐器、兵器，堂前、门外停着豪华的车子。孔子说，"行夏之时，乘殷之辂，服周之冕"（《论语·卫灵公》），认为车子还是殷人的好。其实，铜器、玉器，殷人也制作精美。我想，这里面一定有不少武王留下、河南抢来的东西。

中国有厚葬传统，墓葬好像地下博物馆。中国有很多墓葬博物馆，如秦始皇帝陵博物院和洛阳古墓博物馆。

我们游曲阜三孔。曲阜是孔子生于斯、长于斯、葬于斯的地方。孔子故居，汉代已经变成庙，藏孔子衣冠，他弹过的琴、坐过的车和读过的书，以及孔子画像（很多是复制品，并非原件），刘邦、司马迁、郦道元都曾凭吊参观。这是中国最早的遗址博物馆和故居博物馆。

汉朝的宫殿，非常国际化，有专门陈设国外奇珍异宝的殿。[2] 国际化，不光靠贸易，还靠征服，打服了才有人进贡，按你的规则做买卖。

---

[1] 《史记·周本纪》"封诸侯，班赐宗彝，作《分殷之器物》"即《尚书》百篇《书序》的《分器》篇。卫聚贤《中国考古学史》有"西周之分器与东周之争夺"节（《中国考古小史·中国考古学史》，太原：三晋出版社，2017年，105—110页）。

[2] 北京国际友谊博物馆是专门展览外交礼品的博物馆。中国国家博物馆和中国人民革命军事博物馆也有这类藏品。

《汉书·西域传》说：

> 遭值文、景玄默，养民五世，天下殷富，财力有余，士马强盛。故能睹犀布、玳瑁则建珠崖七郡，感枸酱、竹杖则开牂柯、越巂，闻天马、蒲陶则通大宛、安息。自是之后，明珠、文甲、通犀、翠羽之珍盈于后宫，蒲梢、龙文、鱼目、汗血之马充于黄门，巨象、师子、猛犬、大雀之群食于外囿。殊方异物，四面而至。于是广开上林，穿昆明池，营千门万户之宫，立神明通天之台，兴造甲乙之帐，落以随珠和璧，天子负黼依，袭翠被，冯玉几，而处其中。

西汉，汉宣帝好古，在甘泉宫立径路神、休屠、金人三祠，在未央宫立白虎、随侯、剑宝、玉宝璧、周康宝鼎五祠。"径路神"是武器神，径路是径路刀，匈奴的宝刀；"休屠"是匈奴休屠部的神；"金人"是汉破匈奴休屠部的战利品；"白虎"是南郡所获白虎皮，被当地官员当祥瑞献上来；"随侯"指随侯之珠，一种从西亚进口仿肉红燧石珠的琉璃珠，俗称蜻蜓眼；"剑宝"是高祖斩蛇剑，纪念高祖起义，当时的"革命文物"；"玉宝璧"是传说中的楚和氏璧，玉器中的极品；"周康宝鼎"可能是周康公或周康侯的青铜鼎。

汉代的陈宝之所还有奇华殿。《三辅黄图》卷三："奇华殿，在建章宫旁，四海夷狄器服珍宝，火浣布、切玉刀，巨象、大雀、师子、宫马，充塞其中。"巨象、大雀、狮子、宫马，恐怕都是标本或艺术品，不一定是活物。

巴比伦古城有个北宫遗址，原先是战利品博物馆。如那个著名的狮子扑人像，就是巴比伦从亚述抢来的东西。美军入侵伊拉克，把古城当兵营，大兵纷纷在雕像前合影。那个地方就是巴比伦的奇华殿，比亚历山大城的缪斯庙更早，是更早的博物馆。

巴比伦的《汉谟拉比法典》，刻在一个石柱上，发现于苏萨古城，东西是埃兰人从巴比伦抢来的，居鲁士大帝占领苏萨，落入波斯人手中。后来，法国考古队挖苏萨，东西又归法国，现藏卢浮宫。

古今中外，道理差不多，不是抢人就是被人抢。

很多欧美博物馆的家底都是这么攒下的。

欧美的博物馆

欧美博物馆，特点是"博"，天上地下，植物、动物、矿物，古代的、现代的，全世界各国的东西，什么都收，而且是主动去收，派探险队找，派考古队挖，包括"巧取"，也包括"豪夺"，不都是好来的。

这类博物馆，名气最大，要数四大博物馆：不列颠博物馆（或称大英博物馆，1759年开馆）、卢浮宫博物馆（1793年开馆）、大都会博物馆（1880年开馆）、艾尔米塔什博物馆（1922年开馆）。

这四大博物馆，有三个是国家博物馆，大都会博物馆不是。美国的国家博物馆是首都华盛顿史密森学会（Smithsonian Institution）旗下的博物馆群。史密森学会归联邦政府管，政府停摆，马上关门。弗利尔-赛克勒美术馆是其中的亚洲艺术馆，对门是非洲艺术馆。中国的东西在弗利尔-赛克勒美术馆。1993年，我在这个亚洲艺术馆做过半年的研究。弗利尔是实业家，赛克勒是医药大王，即使国家博物馆，也是以私人命名，藏品以私人收藏为主。

欧美的博物馆有三大特点，对比中国，很明显。

第一，现代欧美博物馆的运作是建立在私人藏家的赞助制（patronage）上。博物馆的藏品来自私人藏家。私人藏家是博物馆的施主（donator）。博物馆筹款，赞助考古发掘，考古发掘为博物馆供货，离不开私人。盗墓走私，通过拍卖行和古董行，通过私人藏家，也源源不断为博物馆供货，形成产供销一条龙。他们的博物馆多数是私立。即使国立，展品也出自私人收藏，或借，或买，或捐，叫某某collection（藏品）。所有博物馆都是由若干藏家的collections组成。观众看展览，一进博物馆，就会看到类似功德碑的藏家名单，刻在一面墙上。展品说明牌不是标出土地，而是标谁谁收藏。我国正好相反，博物馆保管部的卡片上倒是记着谁谁收藏谁谁捐，但不对外公开，说明牌不写这些。私有制万岁，市场化万能，是欧美各国的立国之本，博物馆并不例外。文物私有，可以买卖，这是他们办博物馆的路子。

第二，他们有各种门类的博物馆。自然博物馆，收集各种标本，植物、动物、矿物，什么都有。人类学博物馆，人也是标本。人类学的基础是民族志，相当我国史书的蛮夷列传诸番志，那都是研究"他者"，跟鸟兽草木差不多。我国古代把多识于鸟兽草木之名的人叫博物君子、博雅君子，犹今语所谓"百科全书式的人物"。博物学，古称"雅学"，《尔雅》《小尔雅》《广雅》，除讲语词，还讲亲属称谓、宫室、器服、音乐，以及天地、山川、草木、鸟兽、虫鱼。什么都可以"雅"一下。如章鸿钊的《石雅》就是考证矿物之名。达尔文是博物学家（naturalist）。naturalist的一个意思是做标本的人。博物学跟西人的航海探险、地理大发现有关，后面有很多惊心动魄的故事。逛博物馆，长知识。但我们不要忘记，这些知识全都打着殖民时代的烙印。

第三，他们的博物馆，跟博览会有关。博览会，什么都展，哪个国家的东西都有，早先甚至有活人，当然是"野蛮人"，我国叫"万国博览会"。王维有诗,讲唐代的大明宫,"九天阊阖开宫殿,万国衣冠拜冕旒"(王维《和贾舍人早朝大明宫之作》)。这是当时理解的国际化。"万国"的意思是非常国际。早先,我们把世界博览会叫"万国博览会"。

有朋自远方来,问:你们的博物馆为啥光展中国文物,不展外国文物?我的回答是:中国没有抢人的资格,只有被抢的份儿,哪儿来的外国文物?

外国文物"请进来",早先不可能,我没听说过。中国文物"走出去",倒是有两回,一回是1935年11月28日—1936年3月7日在伦敦举办的中国艺术国际展览会,夏鼐到英国留学,正好赶上这个展览。一回是1973年在巴黎、伦敦举办的新中国出土文物展,夏鼐跟王冶秋代表中国政府出席开幕式。[1]现在,"请进来""走出去"越来越多,已经不新鲜,这不就是"国际化"吗?

国际化,"会当凌绝顶,一览众山小",当然很好,但他们的藏品、展品多半是所谓"传世品",不是抢来偷来的,就是捐来买来的,很少以发掘品为主,很难按历史线索陈列。这些博物馆,凡跟人文历史有关,几乎全是艺术博物馆,不叫Art Museum,就叫Gallery,跟咱们的美术馆或画廊是一个概念,他们的Curator,即负责鉴定购藏、保管展陈、造册登记和编写图录做研究的人,[2]几乎全是艺术史出身。欧洲以外的展品,所谓近东、远东,属于东方学的研究范围。东方学是研究欧洲以外的古老文明,属于殖民地研究。如芝加哥大学的东方研究所,展品是近

---

[1] 1939年中国文物还曾赴苏展览,因战争原因,1942年才返国。
[2] Curator,出拉丁语,从语源考证,与care有关,英国也叫Keeper。西方博物馆的Curator多以地区分(如亚洲部、非洲部等),不以职能分,中文有各种译法,如"馆长""保管员""策展人""研究员",其实相当我国博物馆各职能部门(如保管部、征集部、陈列部、教育部等)的主任,但我国一般不用Curator翻译这类职务,馆长多译Director of Museum,部门主任多译Director of Department。

艾尔米塔什博物馆

东文物，倒是有不少发掘品。还有一种博物馆叫人类学博物馆，专展亚、非、澳、美西方殖民地的东西，"文明等级"又下一等，亦属殖民地研究。这类研究往往带有居高临下的"旁观者"色彩，就像在餐馆看水族箱，"鱼"和"观鱼"是两个不同概念。同样，动物和动物学家也是两个概念，人类和人类学家也是两个概念。

1993年，我去大都会博物馆看东西。屈志仁（博物馆的亚洲部主任）让我的老同学安家瑶（当时访学该馆）陪我去库房看楚王酓审盏。屈先生跟我说，1990年，咱们在华盛顿赛克勒美术馆开楚文化会，我放过它的幻灯片，大家问我，这东西从哪儿来，当时我还不能说，现在不同，我给它办好了"出生证"。我问他，如果中国的博物馆也都这么办，中国的文物不就全都外流了吗？他说，中国的博物馆跟国际不接轨，你们要想把东西留下来，最好的办法就是办拍卖行。拍卖可以调动国内藏家的积极性，让他们来竞拍。说来也巧，几乎是同时，1993年5月17日，嘉德拍卖行（全称是"中国嘉德国际拍卖有限公司"）在北京成立。2017年11月21日，嘉德总部正式落脚王府井大街一号，正好在我过去的单位，社科院考古所的隔壁——让人"别是一番滋味在心头"。

2019年12月16日，考古所搬家，夏鼐的雕像还在院子里。他做梦也想不到，现在会是这样。

俄国的博物馆

俄国的博物馆与欧美的博物馆同出一系，但历史背景不同，它经历过十月革命、斯大林时代、冷战时期和苏联解体，跟英、法、德、美大异其趣，反而跟我们有共同点。

我看过莫斯科的俄罗斯国家历史博物馆、克里姆林宫博物馆、东方艺术博物馆、普希金造型艺术博物馆、特列季亚科夫画廊，看过彼得堡的艾尔米塔什博物馆和俄罗斯博物馆。他们的国家历史博物馆相当我们的国家博物馆，克里姆林宫博物馆和艾尔米塔什博物馆相当我们的故宫博物院。

地方博物馆，我看过新西伯利亚州的考古民族博物馆，阿尔泰共和国的戈尔诺-阿尔泰斯克博物馆，图瓦共和国的图瓦博物馆、图兰博物馆，克拉斯诺亚尔斯克边疆区的米努辛斯克博物馆，哈卡斯共和国的阿巴坎博物馆，伊尔库茨克州的伊尔库茨克博物馆，海参崴（俄国人叫符拉迪沃斯托克）的阿尔谢涅夫博物馆。

他们的博物馆，通常包括三部分：一部分是俄国古代史，一部分是俄国民族史，一部分是俄国现代史。俄国古代史，考古材料，横跨欧亚，覆盖面极广，对世界史太重要。俄国是多民族国家，民族史的部分绝对不可少。现代史，重大事件是十月革命和卫国战争。

现在，历史评价有变化，沙皇、白军、东正教，有人说好，但卫国战争没人敢骂，就像我国，给北洋军阀、蒋介石评功摆好者大有人在，但鬼子、汉奸还是钉在耻辱柱上。

中国的博物馆

中国的博物馆是西化的产物，但家底是我们自己的。我们的博物馆，年代最早，要数张謇创办的南通博物苑（1905年）；名气最大，要数中国国家博物馆和故宫博物院。中国国家博物馆，前身是1912年的国立历史博物馆。故宫博物院，前身是1914年的古物陈列所。这两个博物馆都是辛亥革命后成立，对民众开放。

"对民众开放"是现代博物馆的标志，中外相同。解放后，太庙改劳动人民文化宫,赵树理题诗:"古来数谁大,皇帝老祖宗。如今数谁大,劳动众弟兄。世道一变化,根本不相同。还是这座庙,换了主人翁。"

地方博物馆,南京博物院和河南博物院也是民国就有。南京是民国首都,河南是考古重镇。河南博物院,前身是河南博物馆(1927年筹建,1928年开馆)。南京博物院,前身是国立中央博物院(1933年筹建,1948年开馆)。

此外,天津的北疆博物院(1914年成立)和北京的中国地质博物馆(1916年成立)也是中国最早的博物馆。中国地质博物馆的前身是地质调查所。中国科学院古脊椎动物与古人类研究所(旧称"古脊椎动物研究所",后加"古人类",简称"双古所")就是从地质调查所的新生代研究室发展而来。1953年叫古脊椎动物研究室,1957年改名古脊椎动物研究所,1960年改为现在的名字。现在全国各地,博物馆改博物院,考古所改考古院,是一股风潮。有趣的是,中国国家博物馆是国家博物馆的老大,中科院双古所和社科院考古所是国家考古所的老大,反而没改。

1949年,国民党败走台湾,失去考古的风水宝地,只能吃老本。台北的那个"故宫博物院",家底是前中央博物院的藏品和故宫南迁文物的一部分。台北的那个"国立历史博物馆",家底是前河南博物院的藏品(主要是新郑李家楼和浚县辛村的出土文物)。史语所的历史文物陈列馆,家底是殷墟十五次发掘所获,外加西北考察团发掘的居延汉简。他们的老本主要是这三批东西,吃完就完了,与1949年后的大陆根本没法比。

1949年新中国成立后,所有文物,无论地上地下,全归国家所有;所有博物馆,全是国家办的,无须"国立"二字。新中国成立初期,中国最重历史教育,历史教育是以马克思主义教育和爱国主义教育为主线。我们的博物馆,几乎清一色,都是历史博物馆,从事博物馆工作的人多半是学历史、考古的。1952—1954年，我国发行过四张一套的邮票，一共七套(特3—特9)，叫《伟大的祖国》，其中一套(特7)是司南、地动仪、记里鼓车、浑仪。王振铎先生的复原模型让很多人都以为是出土文物，比如小时候的我。这套邮票很有时代特征。

中国国家博物馆是2003年由中国历史博物馆和中国革命博物馆合并组建。

中国历史博物馆、中国革命博物馆在天安门广场东，与人民大会堂脸对脸，都是1959年庆祝新中国成立十周年的"十大建筑"。当时，周恩来一声令下，全国调文物，很多精品都集中在这两个馆。

中国历史博物馆的通史陈列，过去是按五种社会形态说展出，画像、雕像很多(很多都出自名家之手)，图解、文字很多。我看通史展，楼上楼下转一圈，很累，最后结束的地方有张法根的《长城》和姚钟华的《黄河》。这两幅画给我留下深刻印象。

1987年，俞伟超当馆长。他是考古学家。历博改陈，他想突出考古。一是突出考古发现中最有代表性的东西，二是尽量用文物本身说话，把与文物无关的绘画、雕塑、模型和说明文字统统撤掉。他说，"我当中国历史博物馆馆长，我想把最好的东西展出来"。[1]

2000年，朱凤瀚当馆长。他是历史学家。历博改陈，他主张去五种社会形态说的大框架，只分古代、近代，古代按王朝分。

2005年，吕章申当馆长(中国国家博物馆的馆长)。他当过中国美术馆的副馆长。国博改陈，他主张历史、艺术相结合，把古代搬到地下，地上办特展和与书画、艺术有关的展览。

---

[1] 俞伟超《考古学是什么：俞伟超考古学理论文选》，北京：中国社会科学出版社，1996年，241页。

三次改陈都带有在任馆长的强烈个人色彩。

现在的中国国家博物馆，就像我们的国家一样，新旧并存，新潮的东西不少，但基调没有变，我们的博物馆还是以历史、考古为主线，而不是以藏宝、鉴宝为主线。

1996年，上海博物馆新馆在上海人民广场落成开馆，我在那里整过竹简。这家博物馆与以往的博物馆有很大不同：一是按铜器、玉器、瓷器、印章、绘画、雕刻分馆陈列，突出艺术；二是每个分馆以施主的名字命名，就像很多高校的教学楼；三是从大陆以外回收文物（多为盗掘盗卖的文物），如我整理的上博楚简，还有一批青铜器，就是以各种名义从香港征集，即谢辰生讲的"文物回流"。它的展陈方式，最接近国际主流。现在的博物馆受上博影响大，很多博物馆都换了展柜，如用射灯代替自然光，史前部分好像动物园的狮虎山，历史部分好像饭馆的水族箱，周围昏昏暗暗。

这种新式展柜，照相效果比较好。

公众眼里的博物馆

早先，考古是个有点神秘的活儿。荒村野店突然来拨人，说挖就挖，说刨就刨，老百姓整不明白，这跟挖坟掘墓有啥区别。你把人家的祖坟刨了，人家不答应。挖出好东西，要想拿走，没门儿。弄不好，连命都得搭上。李济、袁复礼挖西阴村，几十四大牲口，驮着几十口木箱，装的都是陶片，到榆次被扣，人家还以为是什么金银财宝。

解放后，考古现场，人山人海。1972年，马王堆汉墓发掘引起轰动，主要是马王堆女尸。公众只是看热闹。

现在，"公众考古"很时髦，这是受外国启发。

欧洲考古，最初是挖宝。挖宝是为博物馆供货。如果没有宝物入藏，引起公众兴趣，就没人出钱；没人出钱，也就没法继续挖，继续买，继续卖。

今天，化缘的问题仍很重要。我们的最大金主是国家。博物馆几乎都是国家办的，教育功能比欧美更突出。新中国成立初期，博物馆对提振全民族的自信、普及历史知识，曾经起过巨大作用。

西方考古，一向重视公众考古。如格林·丹尼尔（Glyn Daniel）为BBC主持《琳琅满目》（*Animal, Vegetable, Mineral*），考古大家惠勒（Mortimer Wheeler）常出席他的节目。保罗·G.巴恩（Paul G. Bahn）也是电视考古节目的主持人和考古通俗作品的撰写人。他在一本小书的前言中说，"正如已故的格林·丹尼尔常常强调的——如果考古学不能给人们带来快乐，那它就一钱不值"。[1]西方考古学家，很多人都写通俗著作，而且越是大家越写，不是大家还写不了。比如柴尔德，就是这样的大家。

现在，博物馆、电视、网络是公众走近考古的主要途径。三星堆的"方舱考古"紧跟武汉"方舱医院"，是2021年的新闻热点。

1996年，《读书》杂志组织过一个讨论，讨论"考古圈"内和"考古圈"外的关系。我借用钱锺书的"围城"概念讨论这个话题，有位前辈学者说我制造了一个"伪命题"，"考古圈"内的人没想出去，"考古圈"外的人也别想进来。如果真是这样，我看"公众考古"也就没必要讨论。[2]

---

[1] 保罗·巴恩引，见氏著《考古学的过去与未来》，覃方明译，南京：译林出版社，2013年，前言第1页。
[2] 李零《说考古"围城"》《一个考古读者的希望——"新世纪中国考古学传播"学术研讨会上的发言》《考古：与谁共享——读〈赫章可乐二〇〇〇年发掘报告〉》，收入氏著《何枝可依》，115—146页；《第一推动力——怀念俞伟超老师（摘录）》，中国国家博物馆、北京大学考古文博学院编《俞伟超先生纪念文集（怀念卷）》，139—152页。

读考古学史，我们都知道，调查、发掘，做记录，出报告，最后一环是保护。博物馆是保护文物的地方，也是展示文物的地方。考古队的库房和标本室也是保护文物的地方，但只对专家开放，不对公众开放，向公众开放的是博物馆。

博物馆不能代替考古队的库房和标本室，考古队的库房和标本室也不能代替博物馆。

博物馆是个中间地带，既是考古工作者展现其成果的地方，也是公众了解考古发现最好的窗口。中国各级领导都喜欢办博物馆，经常改建改陈。

看博物馆是我的一大爱好。中国的博物馆免费开放，不收门票钱，[1]人挤人，乌泱乌泱的，就跟赶集逛庙会似的。看博物馆，同是看，学者看，公众看，看和看不一样。但大家都是"人"，都关心"人类从哪里来到哪里去"。

人类历史，人猿相揖别，据说有700万年，旧石器时代（palaeolithic age）约250万年，新石器时代（neolithic age）约1万年，人类历史的绝大部分时间都属于史前，有史时期只占五六千年，顶多是个尾巴尖。老子说，"道可道，非常道"，"道"是说不清道不明的东西。考古，越是说不清道不明，越是研究重点，史前正是如此。

考古是"天问"，问的是人类发展的"道"。表面最形而下，其实最形而上，本质近乎哲学。

历史都是倒追其事，注定要被简化、美化、丑化、政治化、文学化。

---

[1] 美国史密森学会旗下的博物馆和大英博物馆门票免费，但大都会博物馆、卢浮宫和艾尔米塔什要买门票。

越早的历史越是如此。考古，经常挖灰坑。皮戈特（S.Piggott）说，考古是门研究垃圾的学问。[1]有人还创立什么"垃圾考古学"。小时候，有个保密教育的影片，特务假扮收破烂的，老围着垃圾箱转，某干部不注意保密，把过期文件随便扔掉，让特务捡了去。其实，考古就是把扔进历史垃圾箱的东西重新捡回来，像警察破案一样，从各种蛛丝马迹，探寻人类历史的本来面目。

中国的历史博物馆，有固定的展陈套路，如现在中国国家博物馆的"中国古代"展（相当以往的中国通史展），全部展线，史前部分，人类99%以上的历史，只占八分之一，有史时期，不足1%，反占八分之七。观众看展览，首先看到的是古动物、古人类，老祖宗使用过的石器、陶器、箭头、鱼钩、磨盘、磨棒、骨针、纺轮，他们像穿堂风，一扫而过，驻足观看，全在后头。

博物馆不是考古标本室，不可能光展石器、陶器，很多重复的东西。观众最关心的是历史跟当下有什么关系。

这是一条很深的鸿沟，谁能逾越这道鸿沟，把考古对人类的启示讲给大众听，那是大本事，绝不是一般人所能胜任。

大家别看不起讲解员，沈从文就当过讲解员。我一直认为，能把复杂的道理用最简洁明白的语言讲出来，那是本事。通俗不是最低层次，而是最高层次。只有顶尖学者，才能胜任。

什么样的博物馆好，仁者见仁，智者见智，大家有不同看法。

新中国，1949到1979年，头三十年，被帝国主义军事围剿、经济制裁、舆论打压。当时提倡"大公无私"，让大家受委屈，帮国家熬着挺

---

[1] Stuart Piggott, *Approach to Archaeology*, London: A & C. Black, 1959, p.14.

着，那是不得已，没辙想辙。这在当时是对的，必须如此。1978年，改革开放。1979年，中美建交。中国解围，中国解困，以市场经济救"文革"之弊，"大公无私"变"大公有私"，这也是对的。但如果把"大公有私"讲成"大私无公"，恐怕就过了，就连美国都不敢这么干。如果连"天下为公"都不敢讲，连"节制资本"都不敢讲，把文化、教育、医疗、住房，一切带有公益和民生保障性质的事统统推给市场，那怎么行？

中国古代，"公"就是"官"，"官"就是"公"。比如"公田"就是"官田"，"官田"就是"公田"。出土物中凡是带"公"字的量器都是官方制作的标准器。"官"不仅管一切公益事业，维护社会秩序，惩罚违法活动，也负责调节公私矛盾，任何国家都有这种功能。比如美国，很多人都以为它是"小政府，大社会"，政府形同虚设，但布雷顿森林体系、全球驻军、全球核威慑，离开国家，根本玩不转。全世界的事，它都管，比谁都管得宽。

我认为，1949年后，中国把考古文博事业当公益事业办，由国家来办，明令禁止盗掘盗卖，禁止收藏、买卖出土文物，完全正确。中国地大物博，考古发现令人目不暇接，这是我们的优势所在。中国的博物馆，以考古发现为基础，以历史教育为主线，其实是我们的长处。艺术博物馆，不是不可以办。有些博物馆，家底是传世品，这样办有这样办的道理，那是不得已。现在，世界各大博物馆，办展览，出图录，即使传世品，也要用考古线索重新注释，做抢救性复原，"死马当作活马医"，可见即使艺术史研究也离不开考古发现。

现在，一切私有化，一切市场化，盲目国际化，是全国上下普遍存在的问题。用私人博物馆代替国家博物馆，用艺术博物馆代替历史博物馆，或把博物馆办成美术馆，绝对不应该是中国博物馆的方向。

小　结

"考古"和"文博"是什么关系？"文博"的"文"是文物，"博"是博物馆。博物馆是收藏、保管、展示文物的地方。民众是通过博物馆，通过文物，了解考古，接受历史教育。

博物馆中的文物是从传世文物和出土文物中千挑万选，最后选出来的东西，学者或称"精品"，就像牛吃草，吃进去的是"草"，挤出来的是"奶"。考古是研究"牛吃草"，"草"怎么变成"奶"。没有"草"，哪儿来的"奶"。

只问耕耘，不问收获，不可与言考古。只问结果，不问过程，不可与言历史。

考古与文物、考古与历史，还是要结合起来搞。

俄罗斯哈卡斯共和国的一个考古工地

什么是考古

中国重史。不光历朝历代重，近代中国也重。国民党重，共产党也重。我们以为这是中国之长，西方学者却认为是中国之短。一曰传统作怪，二曰民族主义作怪。他们有他们的传统，考古和历史是两码事，难怪看不惯。

不过，事情也有例外，马克思是外国人。他说，"我们仅仅知道一门唯一的科学，即历史科学"。[1]这话很有名，但在《德意志意识形态》的手稿中被作者删去。马克思的原意是什么？为什么他要删掉这段话？学者有各种猜测。但毫无疑问，苏联也好，中国也好，都有这种"大历史"的概念，考古探索的是"大历史"。[2]

人类史，前不见古人，后不见来者，我们只能看见古人留下的遗迹、遗物。考古，就是通过这些遗迹、遗物，研究人类的"大历史"。

上面，我讲博物馆。大家看博物馆，看见的是"物"。"物"字的前面加个"博"字，是极言其大，无所不包。所谓"无所不包"，其实只是古人留下的一部分，而且是其中的一小部分。考古是"以小搏大"。

考古是小，历史是大。我说的"历史"是"大历史"。历史系从书本上研究历史，"上下五千年"，那只是"小历史"，前面的历史长着呢。研究"大历史"，离不开考古。

但什么是"考古"？

考古凭实物说话

考古凭实物说话，非常"唯物主义"，但"物"的背后是"人"。古人

---

[1]《德意志意识形态》，《马克思恩格斯全集》，北京：人民出版社，2016年，第3卷，20页。
[2] [苏]B. A.布尔金等《苏联考古学的成就和问题》，刘茂译，黄纪苏校，楼宇栋审校，《史前研究》1985年4期，95—106页。

把它做出来，埋下去，背后是"人"。今人把它挖出来，写成考古报告，收入库房，放进博物馆展览，背后还是"人"。

自然博物馆的"物"是植物、动物、矿物。[1]这类东西，都是天地赋形，造化神功，与人类驯化的五谷六畜和人造宝石之类（如人工合成的钻石、水晶、玛瑙）是两个概念。

农业博物馆、工业博物馆和工艺美术馆的"物"倒是人的作品，[2]但展品主要是现代人种出来、养出来和造出来的东西，跟古代无关。

中国科学院古脊椎动物与古人类研究所有个中国古动物馆。这个研究所，前身是中国地质调查所新生代研究室，跟旧石器考古有关。旧石器考古，无书可读，古人类与古植物、古动物、古地质、古气候、古环境是放在一起研究，从手段到方法都更接近自然科学。但古人类、古动物的化石，自民国以来，常被视为"古物"或"文物"。

中国的博物馆跟国外不同，除故宫博物院，类似卢浮宫、艾尔米塔什，是以传世文物为主，其他多以出土文物为主。它与欧美的博物馆有一大区别，不是艺术博物馆，不是东方学博物馆，不是人类学博物馆，而是历史博物馆。他们展出的"物"，非常强调观赏性。我们展出的"物"不同，无论传世品，还是发掘品，都是用来说明历史，精致不精致，漂亮不漂亮，并不是关键。

什么是文物？

今语"文物"，借自古书，本来是翻译西语的 relics（遗物）或 antiqui-

---

[1] 北京除北京自然博物馆，还有中国地质博物馆、国家动物博物馆、中国古动物馆。国家植物博物馆正在昆明筹建。
[2] 北京有中国农业博物馆，沈阳有中国工业博物馆。

《考古》杂志和《文物》杂志

ties（古物），英国有个著名考古杂志，*Antiquity*，[1]或译《古物》，或译《文物》，其实是一个意思。日语的"文化财"，英语的"文化遗产"（cultural heritage），是类似说法。

夏鼐不太喜欢"文物""文物学"这类词，他宁愿用"古物""古物学"这类词，认为研究古物属于考古学，"考古"已经包括"文物"，没必要把两者并列或合称。

中国的考古所，除社科院考古所，多属文物局系统。它们往往叫文物考古研究所或文物考古研究院，前身是地方文管会或博物馆的考古

---

[1] 1927年，英国考古学家克劳福德（Osbert Guy Stanhope Crawford，1886—1957年）创办。

考古研究大历史

队，1980年代才纷纷独立。社科院考古所有《考古》杂志，国家文物局有《文物》杂志，地方考古杂志，或以"考古"名(如《江汉考古》《华夏考古》)，或以"文物"名(如《中原文物》)，或兼用二名而称之(如《考古与文物》)。"考古"与"文物"是什么关系，耐人寻味。

高校考古院系是第三个系统。1952年，北京大学历史系设考古专业，年代最早(如果加上马衡创设的北京大学国学门考古学研究室，更早)，跟中科院考古所关系很深，专业主任苏秉琦就是从中科院考古所派来兼职，生员也多分配到中科院考古所。1983年北大历史系考古专业独立成系，1998年建考古文博院，2000年加"学"字，改称考古文博学院，下设考古系、文化遗产系、实验室和博物馆等部门。北大文科四系，考古系人最少，却率先建院，其他三系至今仍是系。

其他高校设立考古专业，紧随其后，如西北大学和中山大学是1956年设，四川大学是1960年设，吉林大学、山东大学、南京大学是1972年设，厦门大学是1973年设，武汉大学是1975年设，郑州大学是1976年设。

1980年代以来，考古文博类的院系如雨后春笋，越来越多，叫什么的都有。吉林大学建考古系是1987年，2018年改考古学院。西北大学建文博学院是1988年，2006年改文化遗产学院。[1]山东大学则把考古系设在历史文化学院下。

现在，大家多把"考古"与"文物""文博""文化遗产"当作类似概念或平行概念。其实，"考古"与"文物"，不光是两个词的关系，还是个考古文物工作的管理体制问题。

文物和考古有关。Archaeology的本义是研究古代的学问，直译，相

---

[1] 国家文物局有中国文物研究所(1990—2007年)，2008年改叫"中国文化遗产研究院"。

当汉代所谓的"古学"。[1] 过去,无论中西,大家都认为,考古学就是用古物研究古代的学问,含义与古物学相近。如商务印书馆1931年出版的《辞源》续编和《英汉对照百科名汇》都曾把Archaeology译为"古物学"。[2] 夏鼐说,古物学相当英文的Relicology,但这个词很少见,一般称为studies of antiquities。[3]

研究古代,靠两种史料。用文献研究,叫历史学(狭义历史学);用实物研究,叫考古学。考古学和历史学都是"大历史"的一部分。

夏鼐留学英国,博士论文是写埃及串珠,本身就是研究古物,他的博士证书,上面写得很清楚,他是"埃及学艺术专业的哲学博士"。他不反对研究古物,也不反对研究铭刻,只是强调用考古学的方法研究古物和铭刻。

1941年2月,夏鼐从英国回来,在昆明演讲,他说,"按考古学为西文Archaeology之意译,鄙意译为古物学一名,似较妥帖。Archaeology仅为考证古代之学问之一部门"。[4] 但1949年后,他多次解释这个词,都主张以更为通行的"考古学"一词(日语借自中国的词)翻译Archaeology,而放弃"古物学"这一译名。[5]

古物为什么也叫"文物"?恐怕要解释一下。

---

[1] 夏鼐《什么是考古学》,收入《夏鼐文集》,北京:社会科学文献出版社,2017年,第一册,236—237页。案:汉代所谓"古学"是相对"今学","古学"是古文经学,"今学"是今文经学,如《后汉书》的《杜林传》《桓谭传》《郑玄传》《郑兴传》《卢植传》《段颎传》《卫宏传》都是这么用。

[2] 夏鼐《田野考古序论》,收入《夏鼐文集》,第一册,49页;《什么是考古学》,收入《夏鼐文集》,第一册,237页。

[3] 夏鼐《什么是考古学》,收入《夏鼐文集》,第一册,243页。

[4] 夏鼐《考古学方法论》,收入《夏鼐文集》,第一册,41页。

[5] 夏鼐《田野考古序论》,收入《夏鼐文集》,第一册,49—50页;《考古学通论讲义(之一)》,收入《夏鼐文集》,第一册,67—68页;《什么是考古学》,收入《夏鼐文集》,第一册,237页。

古书中的"文"字有文饰之义。艺术起源于装饰,首先是美化身体(描眉画眼的前身是刺面文身),其次是衣冠,其次是首饰(如串贝为缨络,即婴之本字),其次是居所(如阿尔塔米拉和拉斯科的洞穴壁画),都很古老。"文"字的初义是文身,很有象征意义。古"文"字像正面站立的人,胸口画叉或画心,表示文身。此字常与"质""野""武"相对,是"粗鄙""野蛮""粗暴"的反义词。相当今语的"文明"。如孔子说,"周监于二代,郁郁乎文哉!吾从周"(《论语·八佾》),认为周比夏、商更文明,就是这样使用"文"字。

古书中的"文物"指礼服礼器(见《左传》桓公二年),"前文人"指死去的先人(西周金文常见,《尚书·文侯之命》亦有之)。此外,古人还以"人文"与"天文"相对,以"文明"解释"人文"(《易·贲》彖辞),旧注以"文明"为"文德之教",与"武威"相对。

今语"人文"是翻译humanity,"文化"是翻译culture,"文明"是翻译civilization。这些词都跟"人"有关。

古人说伏羲发明养牲口,神农发明种庄稼,黄帝君臣发明器服之用,后人称之为"人文初祖"或"人文始祖",意思是说,他们是人类发明的老祖宗。我国词汇中的"文物",本指与人类活动有关的历史遗物。

"文物"这个词,古书固有之。民国时期偶尔也用,如1935年成立的旧都文物整理委员会早就用过这个词。[1]但民国政府颁布的《古物保存法》(1930年)和《古物保存法施行细则》(1931年),只叫"古物",不叫

---

[1] 旧都文物整理委员会,主要从事古建维修保护与调查研究。1956年改称古代建筑修整所。中国文化遗产研究院,前身是中国文物研究所。中国文物研究所,前身是文化部文物保护科学技术研究所(文保所)和古文献研究室。文化部文物保护科学技术研究所,前身是文化部文物博物馆研究所(文博所)。文化部文物博物馆研究所,前身是古代建筑修整所和文化部博物馆科学工作研究所。

"文物"。[1] "文物"一词真正流行开来，其实是在新中国。

1949年，新中国成立国家文物局，局长是郑振铎。文物局下设三处：图书馆处、博物馆处、文物处，简称"文博图"。后图书馆处一度划出，只剩文物处、博物馆处，简称"文博"。最初，郑振铎想让徐森玉管文物处，裴文中管博物馆处，向达管图书馆处。徐森玉来不了，他又考虑夏鼐。最后，夏鼐、向达也不来，只有裴文中当过一段博物馆处处长。[2]

"古物"一律改叫"文物"，据说是周恩来的主意。[3] 新中国的"文物"不光指古代遗物，也指近现代有纪念意义的遗物，特别是"革命文物"。这是一种"大历史"概念。

世界各国，因各国情况不同，"历史"和"史前"如何分，各不相同。中国，中科院双古所和考古所是以新旧石器分。夏鼐时代，考古所的研究室，史前、商周、汉唐三分，分为三个研究室。史前主要研究新石器时代，商周后来加了夏，汉唐包括宋以来。这些全都加起来，是我们理解的"古代"，有别于"近代"和"现当代"。

中国所谓"文博"，"文"是文物，"博"是博物馆。"文物"分古代文物和现代文物，或历史文物和革命文物，博物馆分历史博物馆和革命博物馆，两者是配套概念，古代与现代打通，一切有历史纪念意义和教

---

[1] 李晓东《民国文物法规史评》，北京：文物出版社，2013年，192—193页。
[2] 参看姚远《谢辰生口述：新中国文物事业重大决策纪事》，北京：生活·读书·新知三联书店，2018年，20—23页。
[3] 1949年10月1日，新中国成立，11月28日，苏秉琦给王振铎写信，信中说："文物局内的三处是图书、博物、文物。'古物'是原拟的名称，周总理说：'古太多了，不要净管古的。'所以改为'文物'。'考古'一词大概从未采用过。"见苏恺之《我的父亲苏秉琦——一个考古学家和他的时代》(北京：生活·读书·新知三联书店，2015年)111—112页引。

育意义的展品都可以叫"文物",不光是古物。古物只是"文物"的一部分。

文物是物,背后是人。我们一旦追问这些文物的来历,试图发现它背后的人类活动,我们就进入了考古的领域。它将把我们带到出土地点和发掘现场。

你会发现,"历史就在你的脚下"。

考古是"动手动脚找东西"

我们的脚下是什么?是"地",即地质学、地理学研究的"地"。考古是读"地书",当然离不开地质学和地理学的帮助。古人活动过的地方叫遗址,留下的东西叫遗存。遗址、遗存分地上、地下。古人留在地面上的东西只是一部分,很多都是荒草中的废墟,如近东考古常用的tepe(源自突厥语),相当"商丘"的"丘"、"殷墟"的"墟",更多的历史记忆被深埋地下,只有通过考古调查和考古发掘,才能大白于天下。

考古调查和考古发掘的对象分两类,一类是遗物,一类是遗迹。一般说,遗物是可以搬走的东西,遗迹无法搬走。二者类似法律学家讲的"动产""不动产"。

考古是"杀鸡取卵"。我们把遗物从它所在的环境剥离出来,给每件文物做标签,留下地层记录,这个过程叫"发掘"。发掘后,除某些重要遗址被保护起来,做成遗址公园或遗址博物馆,供人凭吊,往往被回填。进一步研究,全靠考古报告。

考古报告来自考古发掘。发掘是一切研究的基础。这就像找矿和地质学的关系,打仗和军事学的关系。前者是行动,后者是学问。学问来自行动。

考古是行动，以行动求知，在干中学。它不是现成的书本知识，实践性很强，操作性很强。这是人文社科类学术最关键的一点。

马克思有句名言，"批判的武器当然不能代替武器的批判"。[1]

列宁喜欢拿破仑的一句话，"首先要投入真正的战斗，然后便见分晓"。[2]

毛泽东说，读书比杀猪容易，猪会跑，书不会跑。[3]

1930年，夏鼐在燕京大学读书，本来是学社会学。1931年转学清华大学，治中国近代史，也是偏重社会科学。这两年，他读过很多马列原著，对马列原著非常熟。[4]

1953年，思想改造运动后，他写过一篇《〈实践论〉与考古工作》，非常强调考古学的实践性。

他说：

> 我们要认识古代社会的客观情况，绝不能依靠主观地闭着眼睛乱想，也不能仅靠文字记载，专在故纸堆中查究文献；更重要的是依靠实践，要和古代的物质遗存相接触。我国古代文字的记载，差不多都是出于统治阶级的手笔，无不打上色彩浓厚的阶级的烙印。

---

[1] 马克思《〈黑格尔法哲学批判〉导言》，收入《马克思恩格斯选集》（第二版），北京：人民出版社，1956—1985年，第1卷，9页。
[2] 列宁《论我国革命》，收入《列宁全集》（第二版），北京：人民出版社，1982—1990年，第43卷，372页。
[3] 很多人都引用这个说法。此说出自"文革"初期武汉大学哲学系教师王晁星收集，"钢二司武汉大学总部"印刷和发行的"内部资料"《毛泽东思想万岁》。
[4] 1931—1932年，夏鼐读过大量社会科学著作，包括马克思的《关于费尔巴哈的提纲》《哲学的贫困》《资本论》，恩格斯的《家庭、私有制和国家的起源》，马、恩合写的《共产党宣言》，列宁的《唯物主义和经验批判主义》《帝国主义论》《国家与革命》，斯大林的《列宁主义》，以及考茨基和普列汉诺夫的书和各种苏联游记。见《夏鼐日记》，上海：华东师范大学出版社，2011年，卷一，19—142页。1949年以后，他也多次阅读。

至于由古代遗留下来的实物，却是未被写史的人的主观所拗曲的。

比如认土找边，就是"只有在田野工作时经过相当期间亲身体验才能学会"，如果单讲这种本事，考古学家可能还比不上农民出身的技师、技工，甚至"土夫子"，比如湖南省博物馆留用的"土夫子"。吴铭生老先生跟我讲，他们的本事很大，不但对马王堆汉墓、子弹库楚墓的发掘有大贡献，还到兄弟省市去帮忙。湖南省博物馆的老照片，上面还留有他们的身影。石兴邦回忆当年参加辉县发掘（1950年），他也说，他的考古生涯是从放下架子，虚心向"土夫子"学习使用洛阳铲和认土开始。[1]

总之，考古是干出来的。

中国人自己动手干考古，从李济挖西阴村（1926年）到史语所的殷墟十五次发掘（1928—1937年），筚路蓝缕，以启山林，很不容易。当时，除李济学过人类学，梁思永学过考古学，谁都没学过。大家都是从干中学习、干中摸索，"三个臭皮匠顶个诸葛亮"。

西方考古学家，很多也是业余起家。早期考古，多半是探险，考古装备包括枪。考古大家，施里曼、伊文思、皮特里、吴雷，出名都是靠发现，靠动手能力。他们上大学，不定学什么，最近的知识是古典学。皮特里甚至没受过正规教育，就像很多名将，军校没上，兵书不读，但很会打仗（比如粟裕）。大学设考古讲座，办考古系、考古学校，专门培养学者型的考古学家，那是后来的事。

当年，傅斯年建史语所，他是以Archaeology改造中国的史地之学，

---

[1] 参看石兴邦口述、关中牛编著《叩访远古的村庄——石兴邦口述考古》，西安：陕西师范大学出版总社有限公司，2013年，95—96页。

以Philology改造中国的小学。前者是他所谓的"史",后者是他所谓的"语"。[1]

傅斯年受德国兰克学派影响,认为历史学就是史料学。史料从哪里来?不是坐在书斋里读现成的古书,像历史系通常认为的那样。他有一句名言,"上穷碧落下黄泉,动手动脚找东西"(同上引,7页)。"上穷碧落下黄泉",意思是上天入地,调查范围非常广;"动手动脚找东西",则是说要亲力亲为,自己动手动脚去找。

这是讲什么?这就是讲考古。

考古是知识生产

学院化的教学、科研都是大规模知识生产,考古并不例外。[2]早期可能还有单打独斗的人,越往后越不可能。

古人留下的东西到处都是,只要有人,就有他们活动的痕迹。考古是一种全球性的知识生产。时段最长,范围最广,一个人驾驭不了。

马克思、恩格斯讲人类生产,有所谓"两种生产"说,一种是物质生产,一种是当生孩子讲的生产,人本身的生产。[3]这两种生产,当然最基本。但精神也有生产。知识生产和物质生产一样,也是有分工,有协作,是个庞大的体系。

考古,作为一种知识生产,在人类的知识体系中,无疑是基础性的

---

[1] 见傅斯年《历史语言研究所工作之旨趣》,收入《中研院历史语言研究所集刊论文类编·历史编·先秦卷》,北京:中华书局,2009年,第一册,1—8页。
[2] 格林·丹尼尔说:"马雷特在论及赖尔、卢伯克、泰勒和约翰·伊文思爵士这一代人时曾伤心地说:'他们这一代人是先知的时代,而我们这一代人却是大规模生产的时代,工厂需要更多的人手。'"见氏著《考古学一百五十年》,北京:文物出版社,2009年,326页。
[3] 《德意志意识形态》,《马克思恩格斯全集》,第3卷,33—34页。

工作,特别接地气的工作。张承志甚至认为,它最像访贫问苦、扎根群众的革命工作。[1]

恩格斯说,"原来,摩尔根在美国,以他自己的方式,重新发现了四十年前马克思所发现的唯物主义历史观,并且以此为指导,在把野蛮时代和文明时代加以对比的时候,在主要点上得出了与马克思相同的结果"。[2]这是讲从人类学发现唯物史观。

柴尔德讲两个革命:农业革命和城市革命,则是从考古学发现唯物史观。

什么是唯物史观?唯物史观就是通过物质生产,研究人类社会的经济生活、政治生活和精神生活。一言以蔽之,"透物见人"。

古人说,"地不爱宝",语出《礼记·礼运》。考古与动土有关。我国,历史积淀十分深厚,考古地层,有如一页页地书,一动土就会有很多发现。你翻这本书,翻不了几页,这辈子就完了,他生未卜此生休。

读考古学史,我们都知道,考古与三种活动密不可分。第一是探险,第二是盗墓,第三是基建。全世界如此。

考古,早期跟探险有很大关系,很多考古线索来自商旅、香客、传教士、旅行家,甚至军人(如拿破仑远征埃及的军队)。所谓探险(exploration),同时有探索、考察之义;所谓探险之旅(expedition),同时有远征之义,好像军事行动。这类词,现在仍在用,前者多指考古调查,后者多指海外考古。

19世纪末20世纪初,中国有所谓"五大发现",殷墟甲骨、西域

---

[1] 张承志《时代的召唤与时代的局限》,他为俞伟超《考古学是什么:俞伟超考古学理论文选》(北京:中国社会科学出版社,1996年)写的序言。
[2]《家庭、私有制和国家的起源》第一版序言,《马克思恩格斯全集》,第21卷,29页。

汉简、敦煌卷轴、内阁大库档案和"中国境内古外族之遗文"。这"五大发现",除殷墟甲骨和内阁大库档案,都与丝路探险有关。中瑞西北科学考察团的西北考察(1927—1933年),史语所等四单位的西北考察(1944—1945年),就是这类探险的延续。

考古跟盗墓有关,也不自今日始。解放前,洛阳金村、新郑李家楼、浑源李峪村、寿县朱家集,很多发现都是盗掘。盗墓以河南、陕西、湖南最突出。大量文物从天津、上海、广州,源源不断,流往海外。

考古是外来的学问。[1]安特生(Johan Gunnar Andersson, 1874—1960年)对中国考古贡献特别大。他受北洋政府邀请,任农商部矿政顾问,帮中国找矿,捎带做考古,给中国考古开了个头。

解放前,中国城市太落后,工业不发达,考古跟基建关系小。解放后,主动发掘少,随工清理多,很多考古发掘都是配合盖房、修路、建厂。

"改开"以来,盗掘盗卖,铺天盖地,令人痛心。很多发掘都是因盗墓引起,被迫进行抢救性发掘,他们不盗,文物局不批。我们仿佛又回到解放前。考古跟着盗墓跑,盗墓跟着考古跑,如影随形,你刚发现点什么,他们就闻风而至。

总之,考古是一种生产古代知识的行当。生产有生产的流程,也有打断、打乱这个流程的活动,不能不管不顾。

夏鼐讲考古学方法,说考古分四步,第一步是"考察调查(Exploration)",第二步是"发掘(Excavation)",第三步是"整理研究(Research

---

[1] 关于1920年代以前外国学者在中国的探险和考古活动,参看陈星灿《中国史前考古学史研究(1895—1949)》,北京:生活·读书·新知三联书店,1997年,42—52页。

Work)",第四步是"综合工作"。整理研究分四项:一是"记载上之证据(Documentary Evidence)",即以铭文为内证,文献为旁证;二是"层位学(Stratigraphy)",即地层学;三是"标型学(Typology)",即类型学;四是"分布图(Distribution Map)"。[1]

调查—选点—钻探—测绘—布方—发掘—写标签—做记录—提取文物—回填或保留遗址—绘图—照相—编写考古报告……从探到挖,从挖到写,整个流程,日复一日,在全国各地按部就班,反复进行,好像工厂的流水线。

知识生产也有私有制

人类历史,99%以上全靠考古。

考古不是个人行为,而是集体行动。考古队类似探险队、地质队、科考队、工程队和军队,到处都是团队作业。

打仗,冲锋陷阵,全靠士兵,"一将功成万骨枯",很多人死了,连名字都留不下,只能修个无名烈士墓。我读军事史,有个现象,写兵书和读兵书的,多是旁观者,如随军观察和参与策划的参谋人员,即古之所谓"画策臣",摇羽毛扇的军师。如中国的孙武、孙膑,西方的克劳塞维茨、若米尼,都是如此。士兵没文化,写不了;将军不屑为,顾不上。

黄节有言:"夫学术者,乃天下之公器也。"(《李氏焚书跋》)这话跟知识私有制直接有冲突。

当今世界,物质生产讲私有制,知识生产也讲。知识产权就是维护知识私有制。任何材料,我的你的,用上海话说,一定要gānggāng

---

[1] 夏鼐《考古学方法论》,收入《夏鼐文集》,第一册,41—48页。

qīngsàng（讲讲清爽）。每一张照片，都要取得permission。发明注册，享有专利，更不用说。谁用我的logo都得交钱，恨不得喝口凉水吸口气都得交钱。水，肯定是要交了。气属环保费，以后也要交。

西方学术，崇尚辩论，好辩的原因是什么，我一直在想。我寻思，宗教传统可能是一个原因，法律传统可能是一个原因，但最最根本，还在私有制。论文，脚注密密麻麻，不光是交代出处，供人检索，为学术辩论提供基础，更重要的，它还有注册发明权、防伪防盗的功能。引用率和logo的使用是同一道理。

子曰："古之学者为己，今之学者为人。""古之学者为己"是为了"求知"。首先是自己长知识，其次是推进人类的知识，既为"小我"，也为"大我"。"今之学者为人"是为学界知名度、C刊发表、引用率、书评；是为抢注发明权、踢馆、打擂，打遍天下无敌手，"争名夺利几时休"（《西游记》第一回）。前者反而是"公"，后者反而是"私"。

唯物史观讲社会结构，有经济基础和上层建筑之分。知识生产，也有基础和上层建筑之分。基础分很多层，建筑也分很多层。考古在人类的知识生产中是属于基础性的东西。很多知识毛坯，只有经过再加工、再生产，深度开发、综合利用，才能进入"知识消费"，产品终端是个更大的世界。

考古，上有学界，中有单位，下有考古队。所有所领导，室有室领导，队有队领导，队长下面有队员，队员下面有技师，技师下面有技工，技工下面有民工。

现代学术越来越像工业生产。理工早已如此，人文也在跟进。现在，很多艺术都已产业化，比如"电影工业""梦幻工厂"，每部电影，片头片尾，如何署名，非常讲究，最后的字幕滚动，从出品人、编剧、监制、导演到主角、配角、灯光、音响、舞美、化装、摄影、剪辑、作曲、演奏、指挥、场记……名字一大串。

考古报告署名，往往是集体署名，有时甚至署好几个单位的名，如果是联合考古队，一定要把每个单位都写上去，但署名排序是科层制 (bureaucracy)，出名只是少数人，很多人都是杨白劳，一辈子默默无闻。

私有制的特点是，种瓜未必得瓜，种豆未必得豆，白劳的事儿很多。工人不在产品上留名，农民不在产品上题字。

考古很苦

考古考古，非常辛苦。古字，头上长草，是个苦字。苦字缓读，用反切的方法读，就是考古。

考古，抽烟喝酒，既是交际手段，也是苦中作乐。俄罗斯婚俗，酒宴上的人要大喊"苦啊"。"洞房花烛夜"是四喜之一(见汪洙《神童诗·四喜》)，他们反而大喊"苦啊"。原因是什么？大家来到世上，活着都不容易。

当然，考古也不光是苦。

北京大学历史系的档案有份1958年的大批判材料，《同学们为什么学考古》。材料中提到当时的"活思想"：

(1) 学理工无条件，学文史不愿意，学考古是一门技术。

(2) 学历史可能当中学教员，学考古决不会当中学教员，中学无考古课。

(3) 学历史不易当专家，考古学是冷门，易当专家。

(4) 考古要到各地调查发掘，可以游山玩水，走遍天下。

(5)考古学是考古,与现实相距甚远,可以脱离政治,逃避斗争。以考古为"政治防空洞"。

(6)学考古也可以学历史,又可以旅行各地,可当考古学家、历史学家、旅行家。

(7)考古学与人类学、地质学、古生物学、物理学、化学、历史学都有密切关系,可以当万能博士。

当时,考古专业还属于历史系。同学认为,学考古比学历史好,一是离政治远,二是可以当各种专家和万能博士,三是可以到处跑,游山玩水,走遍天下。其实,学史前的还有一个好处,不用啃书本,我可以补充一下。

这都是朝好了讲。

夏鼐讲考古学与其他学科的关系,第一是狭义史学,第二是人类学,第三是地质学,第四是其他自然科学。既有人文,也有科技。这些学问,有些可以在"室内"(书斋或实验室里)做,有些不能,只能"求诸野",求助于田野工作。人类学要跟人打交道,地质学要跟地打交道。考古既要跟人打交道,也要跟地打交道,都是需要动手动脚的学问。夏鼐最初也不想干考古,认为自己学考古是误入歧途。干了考古,也只是个饭碗,并非安身立命之所。

考古有江湖气。跟人打交道,递烟递酒,请客吃饭,少不了江湖气。城里,要跟施工单位交涉。农村,要跟农民和村干部交涉,赔产、民工费,扯不完的皮。现在,还得加上对付盗墓。这类工作,非常辛苦,非常麻烦,甚至有生命危险。

很多人,干考古之前,充满幻想,幻想多半来自博物馆,来自那些光彩夺目的稀世珍宝,来自那些罗曼蒂克的探险故事。他们不知道,考古主要是挖史前,主要是挖遗址,经常跟灰坑(古代的垃圾坑)打交道,经常跟陶片(陶器的碎片)打交道。因此,第一次发掘之后,往往会大失所望。

毛泽东有篇文章,叫《愚公移山》。《列子·汤问》有个故事,愚公嫌太行、王屋二山横在家门口,打算把大山搬走,智叟给他泼凉水。愚公跟智叟说,你也太顽固了,连寡妇小孩都不如,"虽我之死,有子存焉;子又生孙,孙又生子;子又有子,子又有孙;子子孙孙无穷匮也,而山不加增,何苦而不平?"。总之,只要能生娃,啥山搬不走?我到济源县,街上有愚公饭馆。现在,大家把当年修红旗渠和郭亮村挂壁公路的人叫现代愚公。

夏鼐写过一篇文章,《考古工作者需要有献身精神》。现在有一种说法,"献完青春献终身,献完终身献子孙"。考古这座大山跟太行、王屋不同,太行、王屋,挖一块少一块,不会增高,考古是跟历史堆积的大山较劲,一座山还没挖完,一座山又冒出来,没完没了。要想挖完,那是不可能的。没有献身精神确实不行。

考古充满不确定性

人文学术是以人为对象。人是活物,说变就变,不能像观察静物那样。古人云:兵无常势,水无常形(《孙子·虚实》)。人类行为充满不确定性,战争最明显。

考古也充满不确定性。

考古是用谱系认识问题,地层如此,器形如此,文化也如此。任何认识,可能都带有暂时性,一个萝卜一个坑,刚埋下去的萝卜,说不定马上就得拔出来，插进另一个坑，反复调整。比如安特生搞的甘青文化序列，整个讲反了，后来被夏鼐调整；史语所曾把仰韶、龙山当东西并列的文化，后来被梁思永调整，变成一早一晚。今日之我与昨日之我战，那是家常便饭。这里没有常胜将军。

这种认识特点，在初学者看来，在行外人看来，好像不太科学，因为科学要经得起重复验证，不能此亦一是非，彼亦一是非，今天一个道理，明天一个道理。但足球预测为什么测不准，兵法为什么不能照搬成功经验，就是因为这是人跟人，跟大活人，跟充满对抗的大活人打交道。这是人文-社会科学的基本特点。

当年，"文革"后期，北大考古专业，工农兵学员参加田野实习，唐晓峰说，老师在考古现场教我们，今天这么说，第二天就变了，学生说，"考古考古，连蒙带唬"。这话一直传到现在。

其实，这种不确定性，恰恰是考古学的优点。

第一，它是在干中学习，干中摸索，讲究实践出真知，不怕失败，不怕犯错误。

第二，它比很多学科更有大局观。考古，时历千古，纵横万里，讲的是"大道理管小道理"。

第三，人类认识都是已知加未知、虚实结合，放在同一个框架下考虑，反复卡位，反复调整，不追求颠扑不破、铁板钉钉、一锤定音、一拳KO，不争一城一地之得失。这是人类认识的真相。

对比古文字研究，这种优点很明显。

研究古文字，大家都以为，这才叫真才实学，一个字只有一个答案，是就是是，不是就是不是。其实，这都是皮相之谈。我学过古文字。我认为，就连我们对古文字的认识也是"大道理管小道理"，比如过去，材料太少，玺印、陶文，尽是小零碎，大家认为字形分析法是万能钥匙，热衷的是孤立释字，现在不一样，大批简牍出土，我们终于认识到，辞例比字形更重要，文字是受控于文章，照样是通过卡位认识问题。

小　结

　　考古学是一门"知行合一"的学问。北大文科四系，考古系很特殊，跟文、史、哲三系不同，它是以行动求学问，不是一个人干，而是组成社会生产，合起来一块儿干。在某些方面，跟理工科和社会科学有相近之处。

　　闻一多有一首诗，很有名，"这是一沟绝望的死水，清风吹不起半点漪沦。不如多扔些破铜烂铁，爽性泼你的剩菜残羹……"（《死水》）考古面对的不是"死水"，它是靠新材料研究新学问，自有"活水"源头。

　　所以，这里我把"考古"和"考古学"分开来讲。前者是行动，后者是研究。

III

什么是考古学

考古学是一门以行动求知识的学问,最像打仗。考古研究包括考古调查、考古发掘、分类整理、综合研究。前两项是田野工作,后两项是室内研究。田野考古(考古调查和考古发掘)是考古学的基础,但田野考古并不等于考古学。

打个比方,考古学好像一辆马车,地层学和类型学是它的两个轮子,考古文化谱系研究是它的车舆,驾车而行的是人,目标是对人类历史的研究。地层学是用来分析考古文化层的叠压、打破关系。划地层的工作,在发掘现场,在探方中就要进行。类型学不同,它是靠发掘记录,提取标本,回到室内,对标本分类、分型、分式、分期。这种研究已进入室内。

考古材料,只有通过室内整理和室内研究,写出考古报告,才能供行里行外利用。任何考古报告,只有通过多学科会诊,通过"理论阐释",分析、概括、提炼、总结,通过深加工,一次次转型,才能融入人类知识的总体,成为学界共享、教化民众的精神财富。

考古报告,只是开始,不是结束。

只挖不写,不整理,不研究,不交流,不思考,可以叫考古,但不能叫考古学。这就像一个身经百战的战士,你说他是好兵,行,但说他是军事学家,不合适。

"高楼万丈平地起",基础很重要,但基础的上面要盖楼,高楼是一层一层往上盖,形成考古研究的"上层建筑"。

词　源

考古学,英文作archaeology,这个词的词源,从希腊文和拉丁文考证,archae-的意思是古代,-ology的意思是学问,如果直译,就是"古学"。可见考古学的本义是研究古代，这是广义的考古学。

古代是过去，古人、古书、古史、古迹、古物都属于过去。考古学是研究过去的一门学问。研究过去，是"事后诸葛亮"。这种学问，千载之下，研究千载之上，充满神秘感。西人或用myth这个词作展览广告语，影视传媒抖包袱，称之为"谜团"。公众对"谜团"很着迷。

中国古书中的"考古"一词，意思也是研究古代。比如宋吕大临的《考古图》、叶大庆的《考古质疑》都是这个意思。研究古物、古文字叫考古，研究古书、古史也叫考古。日本人用考古一词翻译archaeology，从语源学（etymology）的角度讲，非常准确。

然而，历史学也研究过去，两者是什么关系？

历史学，英文作history。人类历史，男女各占一半。有些女权主义者说，历史不光是男人的故事，"我们"是women，history应改成herstory，这是文字游戏。

History的词源，从希腊文和拉丁文考证，本义是调查、探索，跟男不男、女不女毫无关系。它最像警察破案。警察破案靠什么？靠现场勘查，搜集现场遗留的蛛丝马迹，排除无关线索，串并有关线索，缩小侦查范围，锁定作案嫌疑人，抓人、审讯、录口供，带他指认案发现场，搜集人证物证，复原作案动机、作案手段和作案过程。

当然，考古并不是充满离奇情节的悬疑小说，它更多依赖的是日积月累的平凡工作。张光直曾区别考古推理和侦探小说中的推理。他说，"经常有人不恰当地把考古学家推测过去的事件和侦探的工作相类比（McGregor, 1965:53; *Clark in Brothwell and Higgs* 1963:17）。然而，考古学家所推测的事件通常是习惯性的、重复性的，倾向于体现一种普遍的模式，而福尔摩斯（Sherlock Holmes，侦探小说中的大侦探）所做的推理，总是根据一些非常特殊的线索复原一些特殊的事件,这些事件很少重复发生,即便再次发生了,行为者也故意让人难以分辨"。[1]

希罗多德是西方的"史学之父",司马迁是中国的"史学之父",他们都是读万卷书,行万里路,查档案资料,访遗老遗少,兼听两造之言,疑以传疑,信以传信,这是历史学的本来面目。

考古学和历史学都研究历史,都研究文化。单就此点而言,考古学和历史学好像没什么不同。但狭义历史学是用文献史料(古书)研究历史,考古学是用实物史料(古物)研究历史,夏鼐说,它们是广义历史学的两个组成部分,如车之两轮、鸟之双翼。[2]王国维的"二重史证",正是强调这一点。

过程考古学批评文化—历史考古学,主要是说,它止步于考古文化,功夫都花在记录和分类上,只关注分期排队和年代早晚、烦琐哲学,不能"透物见人"。这个批评有点过。比如柴尔德,一般认为,他是文化—历史考古学的代表,他就很关注人。特里格讲文化—历史考古学有柴尔德,讲功能—过程考古学也有他,反而视他为功能—过程考古学的先驱。[3]

过程考古学非常强调理论,强调"通则"的发现。考古学,二百年来,真正可以称为"通则"的东西有什么?一是汤姆森"三期说",二是柴尔德的"两个革命"。当时的关注点是分期排队,这是为了打基础,理论是建在基础上。

---

[1] 张光直《考古学——关于其若干基本概念和理论的再思考》,北京:生活·读书·新知三联书店,2013年,88页。
[2] 夏鼐《什么是考古学》,收入《夏鼐文集》,第一册,237—238页。
[3] 布鲁斯·G. 特里格《考古学思想史》(第二版),陈淳译,北京:中国人民大学出版社,2010年,186—191、262—267页。

过去有种说法，考古文化是物质文化，苏联曾一度把考古所叫物质文化史研究所，孙机先生有一本书，叫《汉代物质文化资料图说》，也用这一概念。文化—历史考古学是不是都是"见物不见人"，可以讨论。但以考古比破案，你不能像某些不负责任的警察，光是做做笔录，走走程序，不做调查，不做研究，没有分析，没有判断，说考古学有考古学的局限性，历史都是无头公案，破不了，这种批评还是值得考虑。

定 义

什么是考古学？夏鼐反复讲，多次说。

1. 1953年引用《苏联百科全书》的定义："根据实物的史料来研究人类的历史的过去。"[1]

2. 1955年引用《苏联百科全书》的定义："根据实物的历史材料，研究人类的历史过去。"[2]

3. 1984年的定义："考古学是根据古代人类活动遗留下来的实物来研究人类古代情况的一门科学。"[3]

4. 1985年的定义："考古学是根据古代人类通过各种活动遗留下来的实物以研究人类古代社会历史的一门科学。"[4]

这种定义是柴尔德式的定义。

上述定义有三个重点：一是强调以实物资料（遗迹、遗物）为研究对象；二是强调以田野调查、田野发掘为研究手段；三是以人类历史的过

---

[1] 夏鼐《考古学通论讲义（之一）》，收入《夏鼐文集》，第一册，68页。
[2] 夏鼐《考古学通论讲义（之二）》，收入《夏鼐文集》，第一册，128页。
[3] 夏鼐《什么是考古学》，收入《夏鼐文集》，第一册，237页。
[4] 夏鼐《考古学》，收入《夏鼐文集》，第一册，249页。

去为研究目标。

关于考古学的学科地位，夏鼐有这样的说明：

> 考古学属于人文科学的领域，是历史科学的重要组成部分。其任务在于根据古代人类通过各种活动遗留下来的实物，以研究人类古代社会的历史。实物资料包括各种遗迹和遗物，它们多埋没在地下，必须经过科学的调查发掘，才能被系统地、完整地揭示和收集。因此，考古学研究的基础在于田野调查发掘工作。[1]

上述理解，跟美国的考古学有一大不同。夏鼐说的"人文科学"（humanity），即我们说的"文科"，在美国一般不认为是科学。比如他们的艺术—科学院（American Academy of Arts and Sciences），或译"美国文理学院"。Arts指文科，Sciences指科学，没问题，但科学既含自然科学，也含社会科学（如旧称的政、商、法等科），并非我国通常说的"理科"。我们的文科四系，文、史、哲三系属文科，跟他们一样。但考古系，他们专指史前考古，历史考古归历史系、古典学系、艺术史系和东方学系，史前考古是科学，历史考古属人文，考古不归历史学。

考古学在美国属于人类学，确切说，是文化人类学（英国叫社会人类学），有别于体质人类学。过程考古学有个口号，"考古学就是人类学，否则什么也不是"（Archaeology is anthropology or it is nothing at all）。人多以为这话出自过程考古学的祖师爷宾福德（Lewis Binford，1930—2011年），其实不对。它最早的出处是Gordon Willey和Philip Philips主编的

---

[1] 夏鼐《考古学》，收入《夏鼐文集》，第一册，247页。

Method and Theory in American Archaeology (Chicago: University of Chicago Press，1958）。

过程考古学以史前考古为重，除了强调人类学，非常强调科学，特别是科技考古，因而后过程考古学有所谓"人文转向"。

张光直说，他到美国求学是为了解决人生苦恼，求"人之所以为人"。他在为《考古学》写的前言中说，他对考古概念和理论的"再思"，目的是探讨考古学与人类学、历史学的不同。

罗泰为中国考古学定性，说我们的毛病是"中国考古学的史学取向"（Historiographical Orientation of Chinese Archaeology）。[1]这是祖述张光直的说法，张光直是祖述美国人类学的说法。为了传达他的负面评价，我故意用了曲笔，干脆把它译为"史学癖"。

1985年，夏鼐去世，俞伟超离开北大，去了中国历史博物馆。这以后，中国的考古学变化很大。

我记得，1984年，俞老师从哈佛归来，与从前的他判若两人。1985年，他从北大调历博，有不少年轻人登门求教，请他指点迷津，他总是竖起他的断指说，你们呀，总是就考古论考古，层次太低，问题只有提高到"哲学层次"，才能看清楚。我问他，您说的"哲学层次"是什么，他说是"人"。

同样是"人"，究竟是"人文"之"人"，还是"人类学"之"人"？中国考古学，应该是"历史学取向"还是"人类学取向"？这是大问题。

---

[1] Lothar von Falkenhausen, "On the Historiographical Orientation of Chinese Archaeology of Chinese Archaeology," *Antiquity*, Vol. 67, no. 257 (1993), pp. 839-849. 中文译本：洛沙·冯·福尔肯霍森《论中国考古学的编史倾向》，陈淳译，《文物季刊》1995年2期，83—89页。

五个"不等于"

夏鼐讨论考古学的概念,涉及五个"不等于",值得玩味。

(一)考古学不等于"文物学"

古器物学是考古学的前身,只研究遗物,不包括遗迹。考古学出现后,古器物学被纳入考古学,成为考古学的一部分,但并非考古学的全部。

夏鼐最不喜欢文物局系统流行的"文物"或"文物学"概念,认为"革命文物"与考古无关,"历史文物"就是"古物",没必要另造新词。研究古物属于考古学,也没必要另立"文物学"。对他来说,兹事体大,名不正则言不顺,最先需要辨明。

他说:

> 我们不能说史料学便是历史学;同样地,我们也不能说古器物学便是考古学。至于解放后开始流行的"文物"一名,它和"古器物"不同,一方面"文物"不限于古代,它的范围包括近代和现代的字画、善本图书和革命文物;另一方面,它又似乎是有选择的,一般是指具有历史、艺术、科学的价值的,所以有时说:某件东西有文物价值。这样一来,"文物"虽可作为行政管理的对象,可以也应该设置文物局,便是文物事业管理局;一些以"文物"命名的刊物,也可以办,以刊登研究古器物、革命文物、字画、古建、善本图书等各科的文章,但是"文物"本身不能自成一门学科。自成一个体系的"文物学"是没有的。至于研究古代文物的古器物学,那只是考古学的一部分。[1]

---

[1] 夏鼐《什么是考古学》,收入《夏鼐文集》,第一册,243页。

(二)考古学不等于"锄头考古学"

现代考古,重在发掘。发掘只是考古研究的一部分。夏鼐讲考古研究,田野调查和田野发掘只是第一步,后面还有室内整理和室内研究。

他说:

> 卫聚贤说:"前人研究古物,可说是一种'金石学',或'古器物学'。现代的考古,即西人所谓'锄头考古学',注重在发掘。"(1933年版《中国考古小史》,第4页)"锄头考古学"是"田野考古学"的俗名,是考古学中的一部门,不能把它和考古学等同起来。就一般而论,丹尼尔教授最近所下的考古学的定义,说它是"研究人类过去的物质遗存的一支历史科学"(1981年出版《考古学简史》第13页),仍是维持这一百来年的对于考古学的理解,还是比较妥当的。[1]

卫聚贤的"锄头考古学"是什么意思,请看下第六章。

(三)考古学不等于"史前考古"

考古学分史前考古和历史考古。古典考古和近东考古,最初的关注点,主要是历史时期的艺术品和铭刻,史前考古是更早的一段。现代考古,最重史前。尤其是美国考古学,干脆就以史前考古为考古。但夏鼐认为,史前考古只是考古学的一部分,并非全部。

他说:

> 此外,还有一些人对于考古学是什么这问题,有不同的理解。

---

[1] 夏鼐《什么是考古学》,收入《夏鼐文集》,第一册,245页。

例如从前有人以为考古学主要是研究古典时代(希腊、罗马)的实物史料,尤其是美术品。现在很少有人这样想了。但是又有人走到另一极端,以为考古学是专研究史前时代,顶多可扩充到原史时代的(见《企鹅丛书》1972年版《考古学的企鹅字典》第21页"考古学"条)。[1]

(四)考古学不等于"考古文化研究"

苏秉琦的"区系类型"说是研究考古文化谱系。所谓六大区系固然是讲史前文化,但也是历史时期区域文化的背景。美国的"新考古学"把1960年代以前的"传统考古学"定义为"文化—历史考古学",认为它把"考古文化研究"当考古学的最高目标已经过时,而中国考古,与世隔绝,正属这一类,夏鼐认为,"考古文化研究"属于史前考古,也非考古学的全部。

他说:

> 有人以为中国考古学便是研究中国境内各考古学文化所反映的各种文化内容。我们知道,"考古学文化"这一术语,是指史前时代的各种现下无法确定族名的人民的物质遗留所反映的文化,所以这里也是把考古学和史前学二者等同起来了。牛津《英语辞典》中"考古学"条第三种释义也说"史前时代的遗物和遗迹(纪念物)的科学研究,也犯了这种'以偏概全'的毛病"。像G.丹尼尔所指出的,

---

[1] 夏鼐《什么是考古学》,收入《夏鼐文集》,第一册,245页。

史前学只能是考古学中的一个分支（丹尼尔，前引书，第13页）。[1]

（五）考古学不等于"过程考古学"

1960年代，过程考古学在美国崛起，号称"新考古学"，大有取"传统考古学"而代之的势头。

丹尼尔这样讲"新考古学"：

> 在美国兴起的这种新运动当然是由于缺乏哥伦布时代之前的考古记录，几百年来没有发生什么引起世界史学者普遍兴趣的事件，既没有巨石柱群，也没有马尔他的神庙。美洲考古学者对他们所掌握的考古证据感到很沮丧，于是便埋头于理论与方法，把时间用在"文化过程的阐述"和"文化动力法则"的产生。[2]

夏鼐这样讲"新考古学"：

> 当然，考古学不能限于古物和古迹的分类和描述，以及初步的系统化的研究。那是初步的、必须做的工作。考古学还要利用对于古代文物的研究成果来阐明人类的古代历史。当然考古学的研究也可以在历史科学中已获得的关于历史发展过程的一般规律之外，探求一些新的规律或考古学所特有的规律。但是美国60年代所兴起的"新考古学"派，似乎走到了另一个极端。他们以为考古学是一种研究"文化过程（cultural process）"的一门科学，目的是获得"文化动

---

[1] 夏鼐《什么是考古学》，收入《夏鼐文集》，第一册，245—246页。
[2] 丹尼尔《考古学一百五十年》，377页。

力学（cultural dynamics）"的规律。他们以为60年代以前的考古学著作都是旧式的，都是值不得一读。他们撰造一些别人不容易懂得的术语用来阐述他们的"范例"（paradigms）和理论，提出一些模式（models）和规律。这是对于传统考古学流于繁琐的一种反抗，但是矫枉过正，流于片面性。怪不得当时有的老的考古学家说这种"新考古学"虽然很"新"，但并不是"考古学"，至少不是一般人所理解的"考古学"。现在经过了20多年，"新考古学"也有点变"老"了，锐气也有点降落了，但是他们仍然没有获得什么得到公认的新规律（参阅丹尼尔，前引书，第190—192页）。[1]

他们对过程考古学的评价都不太高。

考古第一课：什么不是考古学

说完考古学的定义，我想谈谈考古学的排他性，也就是它的专业特点。

苏格拉底产婆术（art of midwifery）是一种解构的方法，逐一排除的方法。如柏拉图《大希庇阿斯篇》载苏格拉底、希庇阿斯问对。苏格拉底说，美不是美女，不是美的马……我们把这些带美字的东西一一排除，才有所谓美。公孙龙是采用类似方法，他说白马黑马都不是马。

1979—1982年，我在考古所当研究生，头一课就是考古学不是什么。

老师教导我们说：

---

[1] 夏鼐《什么是考古学》，收入《夏鼐文集》，第一册，246页。

第一，考古学不是金石学。

第二，考古学不是文物学。

第三，考古学不是文字学。

第四，考古学不是艺术史。

第五，考古学不是历史学。

第六，考古学不是民族学。

这是讲划清界限，与各相关学科划清界限。划清界限，据说才有考古学的独立性和纯洁性。

2001年9月24日，社科院考古所举办过一个学术研讨会，讨论考古学是个独立学科还是属于人类学或历史学。安志敏的看法很有代表性。他说，"众所周知，考古学是历史科学的重要组成部分，但她与历史学、文献学、人类学、民族学或以鉴赏为中心的古器物学，属于完全不同的分支。因为考古学是通过古代人类活动及其残留下来的遗迹、实物，来恢复古代社会文化的发展历程。特别是随着近代考古学的兴起，她已汇入当代科学的范畴。考古学是以田野考古为基础，以遗迹、遗物的实证为准则，必须经过科学的调查发掘，才能够系统地、完整地揭露有关资料和深入研究。毕竟考古学有着自己的一套完整、严密的方法，不是其他任何学科所能代替的"。[1]

那考古学到底是什么呢？分析考古学的大师大卫·克拉克（David Leonard Clarke，1937—1976年）有个说法，"考古学就是考古学就是考古学"（Archaeology is archaeology is archaeology），[2] 见他的名作《分析考

---

[1] 参看《"考古学的定位"学术研讨会笔谈》，《考古》2002年3期，81—89页。
[2] 承罗泰教授告，此语是模仿美国作家格特鲁德·斯坦因（Gertrude Stein，1874—1946年）的著名诗句"Rose is a rose is a rose is a rose"。

古学》。¹ 他在《考古学：失去纯洁性》一文中说"考古学学科意识的扩展是以学科纯洁性的丧失为代价的"。²

这里，"失去纯洁性"是取典夏娃偷食禁果被上帝逐出伊甸园的故事（《创世记》），恐怕应翻成"失去童贞"。如果用老庄式的话讲，就是"朴散为器""日凿一窍而混沌死""道术将为天下裂"。³

原来，考古学的"纯洁性"竟是以"失去纯洁性"为代价。

我在社科院考古所前后干过七年，很多时间都是为《殷周金文集成》打工，即使读研究生期间，也在打工，不是到各地博物馆拓青铜器，就是核对著录，把着各种铜器图录和金文书，全面对重，为《殷周金文集成》做准备。在我心里，这份工作太重要。

还有一次，我上冯其庸先生家，把他收藏的前洲四器拉到考古所照相，拓铭文。有位老同志故意考我，你看，这是什么时候的东西。我说，战国吧。他说，行，你等着，我给你请个专家，让他告诉你。专家来了，瞅一眼，斩钉截铁地说，从器形看，毫无疑问，这是汉代的东西。当时，我实在想不通。我说，早期器物可以加刻晚期文字，汉代器物怎么会有战国文字？老同志不高兴，教训我，你到考古所，就要懂考古所的规矩，你要学会用考古眼光看问题，一件铜器在手，你得先把字捂起来，不要受文字干扰。这批东西，光看器形，确实跟秦汉有点像，但文字是战国末年的楚文字，毫无疑问。我这个脑筋还真有点转不过弯来。但转不过来也得转。

1982年，我跟卢连成、陈平在宝鸡市挖过74座东周秦墓。1983年，

---

[1] D. L. Clarke, *Analytical Archaeology*, London: Methuen, 1968, p. 11.
[2] D. L. Clarke, "Archaeology: The Loss of Innocence," *Antiquity*, Vol. 47 (1973), p. 6.
[3] 参看崔天兴《考古学"纯洁性"的丧失："道术将为天下裂"》，《中国文物报》2017年3月10日第六版。

我跟卢连成、陈平和郑文兰在长安县(现在叫长安区)挖过西周遗址。日子虽苦,但很长见识。

考古所的经历让我刻骨铭心。

考古四门和相关学科

夏鼐说,考古学分史前考古学、历史考古学、田野考古学和特殊考古学。这是他分的四大门类。

他说,史前考古学靠的是自然科学,研究旧石器时代和新石器时代;历史考古学靠的是文献记载,研究青铜时代和铁器时代。

当年,我在考古所帮助王世民先生处理群众来信,有人寄化石到所,三叶虫以上是转寄中国科学院南京地质古生物研究所,其他转寄中国科学院古脊椎动物研究所与古人类研究所。三叶虫、恐龙、始祖鸟、猛犸象,离我们太远。1995年12月,古脊椎动物和古人类研究所建中国古动物馆,古人类归古动物,观众对恐龙的兴趣远比人高。大家把这类博物馆当自然博物馆看,人跟植物、动物、矿物属于同一个大自然,归自然科学研究。

中国社会科学院,前身是中国科学院的社会科学学部,1977年才分出来。考古所,1950年建所,本来在中科院,1977年才归社科院,我是这一年进考古所。它分三个研究室,一室是史前考古研究室,二室是商周考古研究室(现在叫夏商周考古研究室),三室是汉唐考古研究室。我属于二室。全所的研究范围是农业发明以后,不包括旧石器时代。一般人理解的考古是这类考古。夏鼐领导的考古主要是这类考古。

这是以时段早晚分。

另一种分类,是以主从分。田野考古学为主,特殊考古学为辅,后者是分支，属于专题性和服务性的学科。

夏鼐说的田野考古学，其实是卫聚贤讲的"锄头考古学"，主要靠野外跑调查，实地勘测和实地发掘。田野调查，夏鼐写过《考古调查的目标和方法》。[1]田野发掘，夏鼐写过《田野考古方法》。[2]这类工作是考古学的基础，用不着讨论。有意思的是，他还提到六种"特殊考古"。"特殊考古"和"相关学科"还不一样，仍然属于考古。我现在从事的古文字、古器物和艺术史研究仍然属于考古学。

1. 美术考古学

这个词的来源是郭沫若从日文翻译的米海里司《美术考古一世纪》。夏鼐曾认真阅读和校改此书。[3]米海里司（Adolf Michaelis，1835—1910年）是德国斯特拉斯堡大学的艺术史教授，他这本书，1906年版叫《19世纪的考古发现》(Die archäologischen Entdeckungen des neunzehnten Jahrhunderts)，1908年版叫《美术考古一世纪》(Ein Jahrhundert kunstarchäologischer Entdeckungen)。后者的"美术考古"(kunstarchäologischer)，其实就是古典考古学，它是以研究建筑、雕塑类的古典艺术见长。古典考古学是欧洲考古的起点，当代艺术史研究的前身。欧洲常把艺术史跟考古放在一个系，就是因为有这么个出身。所谓"美术考古"，其实就是用考古材料研究艺术或用艺术眼光分析考古材料，属于交叉学科。欧美的艺术史研究是以博物馆（多为艺术博物馆）为对口专业，与我们不同。1957年，中央美术学院设艺术史专业，我国是把艺术史研究放在美术学院，跟考古有点远。

---

[1]《夏鼐文集》，第一册，194—206页。
[2]《夏鼐文集》，第一册，207—235页。
[3]《夏鼐日记》1935年4月28日（卷一，317页）、1950年1月22—23日（卷四，282页）提到夏鼐阅读此本；1952年10月11日、14—16日提到夏鼐校改此本。

夏鼐说，美术考古学与美术史研究"往往有共同的资料"，但目标不同，主要不在审美，而在用考古材料复原古代文化，对两者有所区别。杨泓写过《美术考古半世纪——中国美术考古发现史》(1997年)。他说，美术考古与艺术史研究无关。我想，这主要是为了与美术学院的美术史专业划清界限，与书画类的研究划清界限。郑岩是杨泓在考古所的研究生，他对此学的来龙去脉有详细讨论(《论"美术考古学"一词的由来》，《美术研究》2010年1期，16—25页)。他已指出，"美术考古学"是德文的说法，即kunstarchäologischer，英文根本没有art archaeology这类说法。德文的"美术考古学"就是英文的"艺术史研究"(study of art history)。[1] 考古所做这类研究的恰好是杨泓先生。

2. 宗教考古学

宗教考古学研究与宗教有关的遗物、遗迹，如石窟寺的研究、敦煌壁画的研究，以及佛、道造像的研究。夏鼐指出，这类研究与美术考古有交叉。其实，欧美大学，多半都把这类研究归入艺术史研究。考古所做这类研究的也是杨泓先生。

3. 古钱学

考古发现，钱币常被用来断代，如《洛阳烧沟汉墓》对五铢钱的分型分式，就是很好的例子。夏鼐小时候收藏过钱币，后来做考古研究，仍对钱币感兴趣，如他对萨珊波斯、帕提亚、拜占庭和罗马的钱币兴趣很浓。考古所做这类研究，只有他自己。此外，夏鼐在《考古学通论讲

---

[1] 林梅村说："艺术史研究不得不借助于考古资料，所以欧美学人对考古和艺术史的界限相当模糊，他们往往把'考古'(Archaeology)理解为史前考古，因此把史前考古教学归入高校人类学系，而把新石器时代以后的考古教学如'石窟寺考古'归入艺术史系，或采用'考古与艺术史系'之类的折中办法。"参看他的文章《美国的中国艺术史研究——海外中国艺术史研究调查之一》，《中国文化》2016年春季号，122—137页。

义(之一)》中讲考古学的分支,与古钱学并列,还有古代陶瓷学、印章学、金石学等词条。这类分支,其实都可并入古物学或铭刻学。

4. 古文字学和铭刻学

中国考古,铭刻很重要。学者常把古文字学和铭刻学统称为古文字学。其实,同是研究古文字,向有两种路数,一种是传统小学(许学或章黄之学)和现代语言学发展出来的古代字体研究(paleography),即所谓"识字派"或"释字派",另一种是从金石学发展起来的古代铭刻研究(epigraphy)。前者是语言学研究的一部分,后者是考古学和历史文献学研究的一部分。夏鼐把两者分得很清楚。[1]他知道,近东考古,铭刻学是标配,出土铭刻不仅可补传世文献的不足,而且是更直接更可靠的断代依据。夏鼐重田野考古,但对这类学问绝无排斥之意,反而认为,金石学或铭刻学,经过改造,其实是考古学的一部分。他对甲骨、金文、简牍、石刻的研究有全面考虑、长远规划。如1952年调陈梦家来所,主持甲骨、金文、简牍、石刻的研究,1956年请徐森玉为考古所主编《历代石刻图录》。1979年特意请张政烺任考古所的学术委员和研究生导师,带我和陈平研究殷周铜器,请孙贯文任考古所的特约研究员,带赵超研究历代石刻。我给《殷周金文集成》打工那阵儿,他还请李学勤来所指导,担任筹备工作的顾问。[2]李学勤早期著作《战国题铭概述》,所谓"题铭",从他注明的英、俄对应词汇看,就是夏鼐说的铭刻学。

---

[1] 夏鼐为《殷周金文集成》撰写的前言(1983年10月3日),见中国社会科学院考古研究所编《殷周金文集成》(修订增补本),北京:中华书局,2007年,第一册,正文前的3—8页。

[2] 据王世民回忆,夏鼐曾考虑调李学勤到考古所,甚至想请张政烺在考古所设置古文字研究室,特聘张先生兼任主任。见他写的《回忆与陈、张二先生相处的日子与关联事》(未刊稿)。

5. 航空考古

国家博物馆的航空考古是在俞伟超的倡导下建立，如今其重要性已被卫星遥感和无人机摄影取而代之。

6. 水底考古

今称水下考古，国家博物馆的水下考古也是在俞伟超先生的倡导下建立，现在很火。

后面两种，夏鼐说是以手段、方法分，这在当时是新鲜事。如今，上天入地下海，正应了傅斯年的名言。

此外，夏鼐还提到很多相关学科。这些学科，自成一统，不归考古管，但与考古学时有交叉，互为体用、互为主客，全都属于友军。

首先是三大学科：狭义史学、人类学（或民族志）、地质学。这三门最重要。

其次，物理、化学、植物学、动物学、体质人类学，也都离不开。[1]

显然，考古学是一门综合性很强的学科，跟什么学都沾边儿，跟什么学都交叉，很难归类。它有点像军事学。军事学算什么学？科学还是人文？自然科学还是社会科学？什么都是又什么都不是。打仗这件事，讲兵器、讲装备、讲侦察手段，人类最先进的科学理论和应用技术，急了全上。战略决策、军事动员、组织管理、后勤保障，离不开经济学、政治学、外交学。特别是兵法，即指挥艺术，跟棋类博弈和竞技体育相似，以无法为有法，更说不清算什么学。

---

[1] 社科院考古所编《中国考古学文献目录》（北京：文物出版社，1978、1998、1991年）把考古出版物分成总类、田野考古资料、考古学分论、考古学专论、美术考古、古代科学技术、古代文化生活、历史地理学与名胜古迹等项。总类是考古学通论。分论是按时代分，专论是按专题分，铭刻学属于专论，宗教考古属于美术考古。

中国考古，史前离不开科技，商周离不开铭刻和文献，汉唐离不开历史和艺术。所有综合学科，必须兼容并包。划清界限，无异自杀。考古亦如此，趁手的家伙全是借来的，十八般兵器全都用得上。

20世纪60年代以来，过程考古学和后过程考古学出现，二者有个特点，就是看重"后田野阐释"，看重跨学科研究，这点也很重要。

考古：与谁共享

看病要分科挂号，内科病挂内科，外科病挂外科，但人的身体不能分科，分科是进了标本室，一个器官装一个瓶子。看病，头疼医头，脚疼医脚，未必能解决问题，有时要请专家会诊。张光直说，三代无学科，[1]三代以上就更不用说了。

我们读考古学史，考古学并不纯粹。

第一，中国和西方，最初都是从古物学和铭刻学起家。这类学问，旧称金石学。古物学有个重要遗产，汤姆森三期说。汤姆森（Christian Jürgensen Thomsen，1788—1865年）是丹麦皇家北方古物博物馆馆长，他按材质定早晚，把古物陈列分为石器时代、铜器时代、铁器时代。这个三期说至今仍用于考古学。铭刻学，历史时期与史前不同，史前无文字，铭刻学无用武之地，但埃及、亚述、巴比伦、赫梯也好，希腊、罗马也好，没有铭刻学，根本玩不转。1949年碳-14测年发明之前，既靠器物排队，也靠铭刻定年。铭刻不仅对定年很重要，对"透物见人"，发现遗迹、遗物背后的"人"，发现"人"的历史活动也很重要。我国史语

---

[1] 李永迪《与张光直先生谈夏文化考古》，收入《四海为家》，北京：生活·读书·新知三联书店，2002年，185页。

所的殷墟发掘也跟甲骨文的发现直接有关。

第二，欧洲考古学，无论古典考古，还是近东考古，都离不开艺术史研究，甚至史前考古也离不开（如阿尔塔米拉岩洞壁画和拉斯科岩洞壁画的研究）。丹尼尔认为，用考古材料研究精神领域，史前无文字，思想没法搞，经济和艺术反而行（详第五章）。我跟做艺术史研究的学者一起开会，他们对考古学的期望要远远大于考古学家对他们的期望。如果说艺术史研究不算考古，那石窟寺研究算什么？佛道造像研究算什么？画像石研究算什么？壁画墓研究算什么？古建筑研究算什么？宿白、孙机、杨泓、巫鸿、郑岩、李清泉、扬之水，他们用同样的材料讨论同样的问题，考古和艺术怎么切割？事实上，欧美国家的艺术史系，还是常常把艺术史跟考古搁在一起。

第三，我国，史学传统深厚。考古教育在我国，过去一直设在历史系。解放前，史语所的"史"是用考古学改造中国的经史之学、史地之学。解放后，历史是爱国主义和民族自信的擎天柱，考古属于历史系，如北京大学考古文博学院，前身是历史系考古教研室，1983年才独立成系，1998年才升格为院。中国的博物馆多是历史博物馆，大学生对口分配，不是学考古的，就是学历史的。1980年代以来，尽管考古专业纷纷独立成系，地方博物馆的考古部纷纷独立成所，考古学仍然属于历史学。[1]

第四，美国考古最重人类学和民族学，这跟他们的殖民地背景有关。美国，太年轻，几乎没什么历史，有历史也是白人殖民史。土著印地安人的历史属于人种志。这种学问，在欧洲叫人种志（ethnography）或人

---

[1] 考古学原本属于历史学下的二级学科，2012年后始升格为一级学科。

种学（ethnology）。美洲考古是印第安考古。考古设在人类学系。[1]人类学的考古学是美国特色的考古学。这种人类学，英国叫社会人类学（social anthropology），美国叫文化人类学（cultural anthropology）。过程考古学家认为，考古，除了人类学，什么都不是。你怎么能说考古学与人类学或民族学无关？

最后，还有一门学问，现在叫"科技考古"，有人戏称"白大褂考古"。

过去，科技考古是辅助田野考古，所有检测报告只是考古报告的附录。后来，附录越写越长，几乎压倒正文。我在社科院考古所工作那阵儿，碳-14测年归实验室，兽骨鉴定归周本雄，人骨鉴定归潘其风、韩康信，建筑复原归杨鸿勋。测绘、照相、绘图、修复，很多手上的细活，归技术室。现在，很多田野工作中的细活，全都套箱提取，转为室内发掘，上述工作不是归了科技考古中心，就是归了文化遗产保护研究中心，科技考古大有以田野考古为厨房备料，而以室内考古为颠勺大厨的势头。

读考古学史，我有一个印象，考古学跟很多学科有关，彼此有交叉。这个学科，本来是从金石学、古物学、铭刻学起家，与这三门学问关系最密切，但后来剪断脐带，以田野考古为主，反而与这个背景最疏远。再后来，朝史前考古狂奔，与人类学相结合，离这个背景就更远。最后，脱胎换骨，主要与科技共享。

考古学只是人类知识体系的一个侧面，但可以反映人类知识体系发

---

[1] 格林·丹尼尔说，"在美洲，古代文明物质遗存的研究和前哥伦布时代印第安人的研究之间划出了一条明显的界限，以致一直存在着拼写上的区别，前者称为'archaeology'，后者称为'archeology'（见理查德·沃森：《古代》，1972年，210页）。另外在大学教育中也存在区别，研究早期文明的考古学（archaeology）被认为是人文学科，设在古典系、历史系和东方研究系中教授；而研究人类未开化时期的考古学（archeology）则被认为是'科学'（这里指自然科学——译注），设在人类学系中教授"，见他的《考古学一百五十年》，371页。

展的大趋势。人类劳动，从简单劳动到复杂劳动，主要靠科技进步。科技进步，据说是为了解放人，但结果却往往"如入无人之境"。

2008年，北京大学考古文博学院开过一个国际学术研讨会，会议主题是"人类遗产的诠释——共享与传播"，我写过一篇东西，《考古：与谁共享——读〈赫章可乐二〇〇〇年发掘报告〉》，中文本收入我的杂文集《何枝可依》（北京：生活·读书·新知三联书店，2009年），英文本收入 Peter G. Stone 和赵辉主编的会议论文集（*Sharing Archaeology: Academe, Practice and the Public*, Routledge, 2015）。

我说，"共享考古"，谈何容易？只有一样，毫无争议。这就是与科技共享。

小　结

考古学是一门"知行合一"的学问，不光动手动脚，还得费心动脑。夏鼐说，考古学不等于"锄头考古学"，这话很重要。考古不光是挖，挖完还得写报告。即使写出报告，也没完。对研究工作来说，它是开始，不是结束。后面的事儿还多着呢。

考古报告，本来应该由发掘者写。但有些人只愿挖，不愿写，人不在了，只好由别人代庖，失去现场感。很多报告，甚至被搁置，形成积压，令人遗憾。[1]比如皮特里在埃及做过很多发掘，材料后来由鲍姆加特尔整理，夏鼐的博士论文就是整理其中的珠子。考古材料，别人接手，记录全还好，如果不全，只是把器物分分类，排排队，等于退回古器物研究。

---

[1] 张庆捷《考古发掘报告积压的问题》，收入氏著《考古杂采》，南京：凤凰出版社，2021年，263—269页（原载《中国文物报》2011年9月29日）。

中研院史語所史料叢刊之五

殷虛發掘員工傳

石璋如 著

李永迪 馮忠美 丁瑞茂 編校

中華民國 臺北
中央研究院歷史語言研究所

什么是考古学家

什么是考古学家？这个问题，看似简单，并不简单。所谓考古学家，究竟是学过考古才能叫，还是没学过但干过也可以叫？是干过几次就能叫，还是干一辈子才能叫？它是职业还是头衔？是不是在考古部门工作的人都算，还是当了大小领导有了一定地位和知名度才算？

英文的archaeologist，意思不过是干考古工作、做考古研究的人，非常普通，但中文所谓的"家"，有时指"卓然成一家之言"的人，不是一般人可以叫。有人说，考古学家是考古学界的"成功人士"，但"成功"的标准是什么？是挖过重要遗址、写过重要报告、出过重要著作，还是当过考古队长、研究室主任、正副所长？

考古是团队作业，内部有分工协作，外部有学科交叉，作为知识生产，一环扣一环，哪些环节上的人才算考古学家？什么样的工作才算有贡献？什么样的贡献才够得上这一称号？这些都是问题。

最近读过三本书，对理解这类问题或许有帮助。

石璋如遗著《殷虚发掘员工传》(李永迪等编校，台北："中研院"史语所，2017年)

考古创造考古学家，还是考古学家创造考古，这是个鸡生蛋还是蛋生鸡的问题。外国的鸡和蛋是什么关系，这里不谈，我们还是看看中国自己的历史。

中国人独立考古，一般是从李济代表清华大学挖西阴村算起，即1926年(1921年，袁复礼跟安特生挖仰韶村，还是合作)。他上山西夏县，是去寻找夏，挖的是史前文化。这以后，规模大、时间长、影响深当数史语所的殷墟十五次发掘(1928—1937年)。史语所挖殷墟，是为了认识商，进入历史考古。

最近出版的石璋如遗著《殷虚发掘员工传》值得一读。

《夏鼐日记》第一次提到石璋如是1935年3月12日,他到安阳实习的第一天。后来他写了条补记。夏鼐说:"石璋如为河南偃师人,1904年生,与梁思永先生同岁,但执弟子礼甚恭。河南大学[学]生,本科前后二年即在安阳实习,不复在校上课,故底子颇差。1947年提职时,一般助理研究员皆升为副研究员,而他一人改为编辑员。1952年李济在石所著《考古年表》序文中说:'他(指石)对于学术的热诚、信心、耐性、忠实及恒心,实在是不可多得的,这些都是一个作田野工作的人必备条件,而璋如都是无一不备,他追求这一工作廿年如一日,他的恒心尤值得称赞。'"(卷一,299—300页)

石璋如是典型的"考古人",他知道考古工作的辛劳甘苦。

此书把所有参加殷墟发掘的人分为两类,一类叫"职工",一类叫"职员",整个叙述结构是从下到上,"职工"放在"职员"前面讲。

石璋如说的"职工",101人,全是参加发掘的民工,绝大多数是安阳当地或附近的农民,有些有盗墓背景,如果加上留下姓名的33人,就有134人。这些人,不只是劳力,而且擅长认土找边,有才智、有贡献、有故事。作者说,殷墟发掘用的民工,远不止这些,前后相加,恐在800人以上。他对他们的贡献充满敬意。

石璋如说的"职员",46人,如果加上附录中的李光宇、李济、石璋如,共49人。这49人,有些是史语所派遣,有些是河南省派遣,工头和勤杂人员是放在有大学学历的职员前面讲。

附录还有黄文弼、袁同礼、舒楚石、傅斯年四人,以及石磊撰文所述的胡占魁,他们不是殷墟发掘的参加者。

李济、梁思永留学美国,是中国考古学的奠基人。李济学体质人类学，博士论文写"中国人"的形成，结论是中国根本没有纯种的"中国人"，大家都是"杂种"。他是"中国考古学之父"，但没学过考古。真正在美国学过考古，只有梁思永。殷墟发掘，李济主持过第二至四次和第六次、第七次，梁思永主持过第十至十二次和第十四次。这两位最重要。

其次是董作宾、郭宝钧。他俩是同乡，都是南阳人。董作宾是北大国学门研究生，1928年入史语所。郭宝钧是北京高等师范（北京师范大学的前身）毕业，1930年入史语所。殷墟发掘，董作宾主持过第一次、第五次、第九次，郭宝钧主持过第八次和第十三次。

再下来是"殷墟考古十兄弟"。按年齿排序，他们依次是李景聃、石璋如、李光宇、刘耀（尹达）、尹焕章、祁延霈、胡福林（胡厚宣）、王湘、高去寻、潘悫。李景聃是南开大学毕业，石璋如、刘耀是河南大学毕业，李光宇是岳阳湖滨大学肄业，尹焕章上过河南大学预科，祁延霈是清华大学毕业。胡福林、高去寻是北京大学毕业。王湘、潘悫无高等学历。石璋如主持过第十五次殷墟发掘。张政烺谈起他的这位老友，总是赞不绝口，认为他对殷墟发掘贡献特别大。

再下来是吴金鼎和夏鼐。吴金鼎是清华大学国学研究院毕业，跟李济学过人类学。1930年入史语所，参加过第四次和第六次发掘，发掘殷墟前，他挖过城子崖，有田野经验。夏鼐是清华历史系的高才生，参加过第十一次发掘，当时他只是实习生，没有田野经验。

书中还有几个人，也值得注意。一是关百益，旗人，当时是河南博物馆馆长。他参加过第四次发掘（代表河南）。二是马元材（马非百），湖南醴陵人，北京大学毕业，当过黄埔教官，当时是省主席刘峙的秘书，兼课河南大学。他参加过第四至八次和第十次、第十一次发掘（代表河南）。三是董光忠，湖北宜昌人。他参加过第二次、第三次发掘。这两次

考古研究大历史

发掘，经费是弗利尔美术馆提供。他是美国人毕士博（C. W. Bishop，弗利尔美术馆的curator）在中国的代理人，[1]后来参加过卫聚贤主持的山西万泉县阎子疙瘩遗址和荆村瓦渣斜遗址的发掘。当时搞测绘，有李春昱、张蔚然、王庆昌、裴文中，都是北大地质系毕业。裴文中因后来参加周口店发掘成为大名人。张蔚然是随董光忠参加。

上述各位，除李济、梁思永、吴金鼎，谁都是考古门外汉，既没学过，也没干过。他们都是在干中学习，干中摸索。

整理者李永迪说："石老在严肃的学术工作之余，不忘对共同工作的民间无名英雄进行翔实的记录与描写，透过文字，以客观忠实、不带评价的笔触，将考古工作最底层的力量隽诸金石，志之于史。"（序三）这样的学术史，诚如编者所言，既有点像纪实文学，又有点文化人类学的味道。

案 1937年12月14日，李济召集"殷墟考古十兄弟"于长沙清溪阁餐馆聚会，醉别后各奔东西。刘燿、石璋如、祁延霈、王湘分头去延安。刘燿、石璋如到山西临汾投八路军，八路军只留刘燿，不收石璋如。石璋如辗转返回史语所，刘燿去了延安。[2]刘燿曾任教于陕北公学和中央马列学院。王湘曾在延安振华造纸厂当厂长。祁延霈从延安去了新疆，1939年病死于哈密，被中共追认为"新疆死难九烈士"之一。[3]

---

[1] 赛克勒美术馆的毕士博档案（Bishop Papers）保存着董光忠与毕士博的通信。
[2] 齐素玲《尹达传：从考古到史学的研究之路》，郑州：河南文艺出版社，2021年，107—113页。
[3] 王湘，又名王子湘、王元一。《夏鼐日记》1935年3月12日补记："王湘参加革命，解放后在一军工厂工作"（卷一，300页）；1950年7月21日："下午在郭子衡先生处遇及王子湘君，安阳一别，已十余年未见面，现在武汉主持国营工厂，此次为工商联合会来京出席也"（卷四，311页）；1982年8月30日提到参加过史语所殷墟发掘留在大陆者四人，除胡厚宣、尹达、夏鼐，"另有王湘同志，在国家科委专家局"（卷九，161页）。祁延霈，字霈苍。《夏鼐日记》1935年3月12日补记："祁霈苍死于新疆，《学报》第2册有小传。"

留在史语所的各位，命运不一。1939年，尹焕章转入中央博物院筹备处。1940年，胡福林转入齐鲁大学，专治甲骨，后任教于复旦大学。李景聃死于1946年。

结果，"殷墟考古十兄弟"还剩八人。

夏鼐、吴金鼎、曾昭燏留学英国。吴金鼎是1937年回国，曾昭燏是1938年回国，夏鼐是1940年回国。他们从英国回来，先后就职于中央博物院筹备处和史语所，做过不少考古工作。战后，曾昭燏在南京从事中央博物院的筹建，新中国成立后当过南京博物院的院长，1964年去世。吴金鼎，1948年去世。夏鼐在《中央日报》1948年11月17日发表《追悼考古学家吴禹铭先生》。[1]

1949年史语所迁台，石璋如、李光宇、高去寻、潘悫随李济、董作宾去了台湾，梁思永留在北京，夏鼐回了温州。

后来，梁思永、夏鼐成为中科院考古所的创建人，尹达成为中科院历史所的领导，并一度担任中科院考古所所长，胡厚宣从上海复旦大学调入中科院历史所，王湘在政府部门工作。

石兴邦有一种说法，考古所初建，郑振铎和尹达当所长都是兼任，夏鼐说所长的位置是留给李济。[2]考古所一直想动员李济归来。1960年8月，李济之子李光谟在牛兆勋陪同下曾与其父在深圳罗湖口岸会面，劝说李济回大陆，未果。李济说，他的学生尹达和夏鼐"早就完全有资格担任所长了"。[3]

---

[1]《夏鼐文集》，第四册，203—207页。
[2] 石兴邦《夏鼐先生行传》，杜正胜、王汎森主编《新学术之路——"中央研究院"历史语言研究所七十周年纪念文集》，台北："中研院"史语所，1998年，下册，722页。
[3] 岱峻《李济传》（全新修订本），北京：商务印书馆，2021年，585—600页。

《中国大百科全书》考古学卷：著名金石学家、考古学家（北京：中国大百科全书出版社，1986年）

目录有个39人的名单，列在"著名金石学家、考古学家"名下。这个名单是夏鼐亲自敲定，可以反映他的取材标准。夏鼐把考古学分成田野考古学和特殊考古学。"概论"部分把史前考古学、金石学、铭刻学、甲骨学、古钱学算作考古学分支学科。史前考古学属田野考古学。金石学，词条定义是考古学的前身。铭刻学、甲骨学、古钱学属夏鼐定义的特殊考古学。

这39人，前13人是金石学家，后26人是考古学家。

考古学家，马衡和王献唐比较特殊，既称"现代金石学家"，又称"考古学家"，夏鼐给他们都写过传。[1] 马衡主要是金石学家，但1922年北京大学创办研究所国学门，曾聘马衡为考古教研室主任，他是北大考古专业的创始人。夏鼐说，"先生不仅在书斋中研究拓本和器物，还常亲身到现场去做实地调查。1923年曾赴新郑和孟津调查铜器出土地，1924年再度赴洛阳时，曾往朱圪垱村调查汉魏石经出土地的太学遗址。1928年曾短期参加辽东半岛貔子窝发掘。1930年担任燕下都考古发掘的团长，赴易县做发掘工作"，领导过燕下都的发掘。[2] 王献唐也主要是金石学家。1930年山东古迹研究会成立，他是委员之一，城子崖遗址的发掘是由该会主持。他跟考古有缘，主要是这件事。

其次，郭沫若、董作宾、于省吾、唐兰、陈梦家、胡厚宣、张政烺，这七位是公认的古文字学家。这些"古文字学家"都是研究出土文字资

---

[1] 夏鼐《马衡先生传略》（分之一、之二两篇）、《山东王献唐先生传略》，收入《夏鼐文集》，第四册，230—231、232—233、244—245页。
[2] 夏鼐《马衡先生传略》之一，收入《夏鼐文集》，第四册，230—231页。

料的专家，他们，除于省吾、唐兰偏重释字，按夏鼐的定义，都是铭刻学家。郭沫若、胡厚宣、张政烺还是历史学家。注意：词条未收容庚、商承祚、徐中舒、杨树达。容庚、商承祚偏金石学，徐中舒以历史名，杨树达是文史专家，更偏重语词、语法的研究。

夏鼐把铭刻学归入特殊考古学，照此分类，上述古文字学家当然可以算考古学家。但这七人，只有唐兰、陈梦家，既称"古文字学家"，又称"考古学家"，不知是什么标准，其他人没有后一头衔。其实，董作宾、胡厚宣才是干过田野考古的人。他俩都是从殷墟发掘走向甲骨研究。陈梦家虽在考古所工作，但不参加田野发掘。唐兰既不在考古单位，也不参加田野发掘。

剩下17人：黄文弼、郭宝钧、李济、冯汉骥、林惠祥、吴金鼎、裴文中、梁思永、尹达、曾昭燏、夏鼐、贾兰坡、苏秉琦、宿白、安志敏、王仲殊、石兴邦。这些人才是严格意义上的考古学家。注意：词条没有徐旭生。

据《夏鼐日记》1985年3月23日（卷九，448页），上述名单，原来不收在世学者，后来才加上尹达、夏鼐、贾兰坡、苏秉琦、安志敏、王仲殊、宿白，再后来又加上于省吾、张政烺、胡厚宣、石兴邦。《中国大百科全书》考古学卷出版时（1986年），于省吾、尹达和夏鼐也相继去世。

案 上述名单有三大特点：第一，把金石学家跟考古学家放在一起（金石学家在前，考古学家在后）；第二，考古学家兼收铭刻学家；第三，以社科院考古所、历史所和中科院古脊椎动物与古人类研究所为主。

最有意思的是，郑振铎是考古所第一任所长，《中国大百科全书》考古学卷不收，文物卷有之，头衔是"中国现代作家、文学评论家、文学史家、考古学家、文物收藏家",第四个头衔是"考古学家",第五个头衔是"文物收藏家"(注意:考古所有个规矩,干考古就不许收藏文物)。词条是谢辰生撰。

相反,夏鼐最不喜欢"文物"和"文物学"概念,《中国大百科全书》文物·博物馆卷的"人物"条,统共五个人,反而有他,排在郭沫若、郑振铎(文物局第一任局长)、王冶秋(文物局第二任局长)之后,徐鸿宝(徐森玉)之前。考古学卷的夏鼐条是王仲殊撰,文物·博物馆卷的夏鼐条是王世民撰。

王巍主编《20世纪中国知名科学家学术成就概览》考古学卷(北京:科学出版社,2015年)

20世纪的中国考古学家有哪些人,后来有个更大的名单,见于此书,可以反映夏鼐去世后的时代变化。此书分上下两册,共收118人,

据主编前言,这118人是由编委会拉出一个初选名单,然后送考古文博单位和大专院校考古学科带头人,按照一套硬指标,一人一票选出来的,就像高校的各种评审。

其入选条件是:

第一,原则上必须是1965年以前参加工作,具备研究员或教授职称。

第二,50年代参加考古工作的(主要在第一分册),要有一部学术专著(独著)或考古报告(主持发掘并编撰出版)。

第三,60年代参加工作的(主要在第二分册),要有两部学术专著(独著)或两部考古报告(主持发掘并编撰出版)。

这部列传,与《中国大百科全书》考古学卷不同,所收只限"20世

纪中国知名考古学家"，不包括吕大临到王国维的"著名金石学家"。

第一分册：57人，大部分都已去世，活着的不足十人。马衡岁数最大，吕遵谔最小。

第二分册：61人，去世的也不少。杨建芳最大，刘庆柱最小。

阅读此书，首先值得注意的是，它没有把社科院考古所的两位老领导收进来。郭沫若是中国科学院院长，郑振铎是考古所第一任所长，不收。《夏鼐文集》第四册有悼念这两位老领导的短文。夏鼐说，郭院长只能算书斋考古学家，郑所长是文学家和文化学者，不算考古学家。但郭在《中国大百科全书》考古学卷是有其名的，而且放在14位金石学家之后，铭刻学家和考古学家名单中的第一位。

除这两位，书中传主都是考古学家吗？我们不妨梳理一下。

(一) 留学海外的学者

1. 美国：李济(1923年哈佛大学博士)、梁思永(1930年哈佛大学硕士)、冯汉骥(1936年宾夕法尼亚大学博士)、郑德坤(1941年哈佛大学博士)、张光直(1960年哈佛大学博士)。

2. 英国：吴金鼎(1937年伦敦大学博士)、曾昭燏(1937年伦敦大学硕士)、夏鼐(1946年伦敦大学博士)。

3. 法国：徐旭生(1913—1919年在巴黎大学学哲学)、裴文中(1937年巴黎大学博士)。

4. 菲律宾：林惠祥(1928年菲律宾大学硕士)。

注意，徐旭生、郑德坤、张光直是《中国大百科全书》考古学卷所无。

徐旭生留法，不是学考古，而是学哲学和社会学，但新中国成立前，他领导过中瑞西北考察团和斗鸡台发掘，他的《中国古史的传说时代》

对考古学影响很大。三代考古，商代，"中研院"功劳大。西周，北研院功劳大。新中国成立后，夏文化的探索是徐旭生开的头。虽然，徐旭生不是严格意义上的田野考古专家，但他对考古学的贡献很大。如果马衡、王献唐、唐兰、陈梦家可以算考古学家，则不能去徐老不数。此书收入，很有必要。[1]

郑德坤把中国考古介绍给西方，在西方很有名。张光直在这方面后来居上，比郑氏更有名。"改开"以来，引入西方考古学理论，张光直是重要推手。

(二) 中科院古脊椎动物与古人类研究所的学者

裴文中（1927年北京大学地质系毕业、1937年巴黎大学博士）、贾兰坡（1929年北京汇文中学毕业）、张森水（1956年北大历史系考古专业毕业）。此书有张森水，无杨钟健和吴汝康。杨钟健是古动物学家，吴汝康是古人类学家，名气比张森水大，但被排除在考古学家之外。

(三) 社科院考古研究所的学者

社科院考古所，原属中国科学院。1950年合并"中研院"史语所留在大陆的人员和北研院史学所的人员建所，原分考古组和历史组，考古组的人以"中研院"为主，历史组的人以北研院为主。

"中研院"的老人，见于此书，有尹达、夏鼐、郭宝钧、颜訚、马得志五人。尹达是第二任所长，夏鼐是第三任所长，郭宝钧是建所初期的研究员，颜訚是1961年从中科院双古所调入，马得志是史语所北平图书资料整理处留下的人。

---

[1] 李旻《信而有征——中国考古学思想史上的徐旭生》，《考古》2019年6期，105—120页；《层叠书就的学术史》，《读书》2021年1期，3—12页。

北研院的老人，见于此书，有徐旭生、黄文弼、苏秉琦三人。徐旭生、黄文弼是建所初期的研究员，苏秉琦是建所初期的副研究员（1956年升研究员）。

考古所挂十个人的像。他们是：郑振铎、尹达、梁思永、夏鼐、徐旭生、郭宝钧、黄文弼、陈梦家、苏秉琦、颜訚。这十位，前四位是所领导，郑、尹是最早的所长，梁、夏是最早的副所长。然后是考古所"三老"：徐老、郭老、黄老，十位中最年长。剩下三位，既非领导，也比较年轻（但苏秉琦、颜訚比夏鼐大）。陈梦家是古文字学家，1952年从清华大学调入，去世前一直在考古编辑室，不是田野考古学家。[1] 颜訚是体质人类学家。这十人，除郑振铎，皆见于此书。

王仲殊、安志敏、石兴邦、佟柱臣是"文革"后第一批晋升的研究员（1979年8月）。

安志敏是北京中国大学史学系毕业，在燕京大学当过裴文中的助教，1949年考入北京大学文科研究所史学部，是考古组的研究生，1950年入所，1982—1985年任副所长。

王仲殊是北京大学历史系毕业，也是1950年入所，1982—1988年任所长和书记。

石兴邦是夏鼐在浙江大学的研究生，1950年随夏鼐北上，入考古所。1961年调陕西省考古所任副所长。[2] 1976年调回中科院考古所。1984年调

---

[1] 陈梦家有四位助手：周永珍、陈公柔、张长寿、徐苹芳，皆燕京大学毕业。张长寿当过副所长，徐苹芳当过所长。"反右运动"中，陈梦家在《我的思想检查》(1957年8月23日)中曾为他"拉拢"燕大生(提到周永珍、陈公柔)检讨，见《考古所右派分子陈梦家材料》31页。
[2] 1961年，中科院考古所为协调地方关系，曾调石兴邦兼任陕西省考古所副所长，而由陕西省考古所所长武伯纶兼任中科院考古所西安研究室主任。石兴邦回忆，他调陕西后，"我已经是陕西这边的人了"，为划分工作范围与夏鼐起争执，他认为，中科院考古所既做沣镐〔考古所做沣西，（转下页）

陕西省文物考古研究所任所长。

佟柱臣是1961年从中国历史博物馆调入。

张长寿、徐苹芳、马得志、卢兆荫、黄展岳、刘观民、仇士华、蔡莲珍、杨鸿勋是"文革"后第一批晋升的副研究员(1979年9月)。

张长寿是1952年燕京大学毕业，1956年入所。

徐苹芳是1950年考入燕京大学，1952年转北京大学，1955年北京大学毕业，1956年入所。

马得志是1941年奉天日语学校毕业，1950年入所。

卢兆荫是1949年福建协和大学毕业，1957年考取考古所副博士生后留所，导师是夏鼐。

黄展岳、刘观民是1954年北大毕业，同年入所。1956年，黄展岳考取考古所副博士研究生，导师是夏鼐。

仇士华、蔡莲珍是1955年复旦大学毕业，1959年入所。此书未收蔡莲珍。

杨鸿勋是1955年清华大学毕业，1973年入所。

书中所见学者可按工作性质分为四类：

1. 田野考古

陈公柔、张长寿：燕京大学毕业；赵芝荃、徐苹芳、林寿晋、郑振香(尹达的研究生)、刘观民、高广仁、徐光冀、杨锡璋、杨泓、殷玮璋、任式楠、邵望平、乌恩(夏鼐的研究生)、刘庆柱：北京大学毕业；吴汝祚：浙江大学毕业；谢端琚：厦门大学毕业；胡谦盈：中山大学毕业；张

(接上页)陕西所做沣东］，就别再插手周原，夏鼐不同意，石不得不让步，最后两所以沟东、沟西划界。见石兴邦口述、关中牛编著《叩访远古的村庄——石兴邦口述考古》，157—158页。

彦煌：华西大学毕业。

2. 科技考古

仇士华(碳-14测年)、韩康信(体质人类学)：复旦大学毕业；潘其风(体质人类学)：北京大学毕业；周本雄(动物考古)：四川大学毕业；杨鸿勋(古建)：清华大学毕业。

3. 考古编辑室

陈梦家(甲骨、金文、简牍)：清华大学调来；黄展岳(秦汉考古)：北京大学毕业(夏鼐的研究生)；杨泓(汉唐考古、古代兵器考古、美术考古)：北京大学毕业；卢兆荫(汉唐考古)：福建协和大学毕业(夏鼐的研究生)。

4. 图书资料室

王世民(商周青铜器、考古学史)：北京大学毕业。

(四)高校考古院系的学者

1. 北京大学考古系(今考古文博学院)：吕遵谔(裴文中在北大授课的助教)教旧石器考古，李仰松、严文明教新石器考古，邹衡(郭宝钧的研究生)、高明(唐兰的助教)、李伯谦教商周考古，苏秉琦、俞伟超(苏秉琦的研究生)教战国秦汉考古，阎文儒(向达的研究生)、宿白(向达的研究生)和马世长(阎文儒和宿白的研究生)教隋唐考古，陈铁梅教碳14-测年。他们，除陈铁梅是列宁格勒大学毕业，都是北京大学毕业。

2. 吉林大学考古系：张忠培(苏秉琦、林耀华的研究生)、林沄(于省吾的研究生)，也是北京大学毕业。

3. 南京大学历史系考古专业：蒋赞初(系主任)，南京大学历史系和第三期考古工作人员训练班毕业。

4. 山东大学历史系考古专业：刘敦愿(系主任)，国立艺专毕业。

5. 中山大学人类学系：梁钊韬(系主任)，厦门大学毕业。

6. 四川大学博物馆：童恩正(馆长，师从冯汉骥)，四川大学毕业。

7. 云南民族学院(今云南民族大学)历史系：汪宁生(系主任)，北京大学毕业。

8. 香港中文大学中国考古艺术研究中心：杨建芳(中心主任，苏秉琦、林耀华的研究生)。

9. 香港中文大学崇基学院历史系：林寿晋(高级讲师)，北京大学毕业。

10. 台湾大学人类学系：宋文薰(教授，"中研院"院士)。

(五)文物局系统的学者

1. 中国国家文物局：黄景略(副局长)，北京大学毕业。

2. 中国国家博物馆：傅振伦(保管部主任)；孙机(考古部研究员)、宋兆麟(陈列部研究员)，北京大学毕业。

3. 故宫博物院：冯先铭(研究员，瓷器专家，冯承钧之子)，辅仁大学毕业。

4. 河北省文物考古研究所：郑绍宗(所长)，第一期考古工作人员训练班毕业。

5. 山西省文物考古研究所：张颔(所长，兼山西省文物局局长)；王建(副所长)，旧石器考古专家(师从裴文中、贾兰坡)。张颔只上过高小，但从干中学，成绩斐然。

6. 内蒙古自治区文物考古研究所：李逸友(副所长)，第一期考古工作人员训练班毕业；田广金(所长)，北京大学毕业。

7. 辽宁省博物馆：李文信(馆长)，奉天美术专科学校毕业。

8. 辽宁省文物考古研究所：郭大顺(名誉所长)，北京大学毕业，苏秉琦的研究生。

9. 上海博物馆：马承源(馆长)，上海大夏大学(今华东师范大学)毕业。

10. 南京博物院：曾昭燏(院长)，英国伦敦大学硕士；赵青芳(副院长)，洛阳师范学校毕业。

11. 浙江省博物馆：牟永抗(研究员)，第三期考古工作人员训练班毕业。

12. 江西省博物馆和江西省文物考古研究所：彭适凡(馆长兼所长)，江西师范学院(今江西师范大学)毕业。

13. 山东省文物考古研究所：郑笑梅(研究员)、张学海(所长)，北京大学毕业。

14. 河南省文物考古研究院：郝本性(所长，唐兰的研究生)、杨育彬(所长)，北京大学毕业。

15. 湖北省博物馆：谭维四(馆长)、王劲(副馆长)，第三期考古工作人员训练班毕业。

16. 湖北省文物考古研究所：陈振裕(所长)，北京大学毕业。

17. 湖南省博物馆：高至喜(馆长)，第三期考古工作人员训练班毕业。

18. 湖南省文物考古研究所：何介钧(所长)，北京大学毕业。

19. 广州博物馆：麦英豪(馆长)，第二期考古工作人员训练班毕业。

20. 广西壮族自治区博物馆：蒋廷瑜(馆长)，北京大学毕业。

21. 云南省博物馆：张增祺(研究馆员)，北京大学毕业。

22. 陕西秦俑博物馆(今秦始皇帝陵博物院)：袁仲一(馆长)，华东师范大学硕士。

23. 陕西省考古研究院：巩启明(所长，兼陕西省文物局副局长)、韩伟(所长),西北大学毕业。

24. 甘肃省文物考古研究所：张学正(副所长),第一期考古工作人员训练班毕业。

(六)著名金石学家

只收马衡,未收王献唐。马衡见《中国大百科全书》考古学卷。

(七)著名古文字学家

此书有容庚、董作宾、于省吾、唐兰、商承祚、陈梦家,比《中国大百科全书》考古学卷多出容庚、商承祚,少了郭沫若、胡厚宣、张政烺。董作宾、胡厚宣既是考古学家,也是古文字学家和历史学家,郭沫若、张政烺,既是古文字学家,也是历史学家。张政烺还是考古所的学术委员。如果夏鼐在世,不可能去郭沫若、胡厚宣、张政烺不数。

(八)著名古建专家

傅熹年(傅增湘的长孙),清华大学毕业(梁思成的助手)。杨鸿勋已见上文。

(九)良渚文化发现者

施昕更,曾供职于西湖博物馆。

案 上述名单,兼顾三大系统：第一是科学院系统,包括中科院双古所和社科院考古所；第二是教育部系统,包括各高校的考古院系；第三是文物局系统,包括北京和地方的博物馆和考古所。

比起《中国大百科全书》考古学卷,《概览》所收,范围扩大,反映考古发展日趋多元化。1980年代,地方考古队纷纷独立成所,高校考古专业纷纷独立成系,社科院考古所一家独大的局面被打破。

夏鼐在燕大、清华求学,旧学根底深厚,对中国的古文献和金石学很熟。他到英国学埃及考古，深知铭刻对考古学的重要性。他的博士论文是研究埃及串珠，博士证书上的专业范围是艺术史研究（中国所谓的"美术考古"）。他对艺术史研究也很重视。此外，他少年时就喜欢玩钱币，到国外留学，深知钱币对断代很重要。他说的六门特殊考古，航空考古和水下考古尚未开展，其他四门无常设机构。有关研究人员只能安排在编辑室和图书资料室。如陈梦家、杨泓在编辑室，王世民、陈公柔在图书资料室。

此书所收，尺度比较宽，既包括考古学界的代表人物，也包括文博学界的代表人物，很多都是相关部门的领导。其中有些人是以室内研究为主，如著名的铭刻学家、著名的科技考古专家，以及博物馆的古器物学家，还有编辑室和图书资料室的负责人，不完全是田野考古学家。

1949年以前，考古只是少数人从国外带回来的学问，干考古的几乎都没学过考古，因此学没学过不能当标准。当时，科技考古还很不发达，书中所收科技考古方面的专家主要在第二册。

北京大学考古学系编《北京大学考古学系四十五年（1952—1997）》（非卖品）

上述考古学家，以北京大学历史系考古专业的毕业生为最多，参看145—152页。

49级（53届）：吕遵谔。

50级（54届）：黄展岳、杨建芳、林寿晋、郑振香、刘观民、李仰松、俞伟超。

51级（55届）：赵芝荃、徐苹芳。

52级（56届）：高明、黄景略、郑笑梅、张森水、张忠培、王世民。

53级（58届）：严文明、杨锡璋、杨泓。

54级（59届）：汪宁生、高广仁、徐光冀、潘其风、殷玮璋、任式楠、邵望平。

55级（60届）：孙机、宋兆麟。

56级（61届）：张学海、郝本性、李伯谦、杨育彬、何介钧。

57级（62届）：乌恩岳斯图、郭大顺、林沄。

58级（63届）：张增祺、马世长。

59级（64届）：蒋廷瑜、陈振裕。

60级（65届）：田广金。

62级（67届）：刘庆柱。

以上是见于《概览》一书的北大历史系考古专业的毕业生。

附一：考古所的研究生

(一)"文革"前

尹达的研究生：郑振香。

夏鼐的研究生：石兴邦、黄展岳、卢兆荫、乌恩岳斯图。

徐旭生的研究生：刘一曼、刘金山（后调武大）。[1]

郭宝钧的研究生：邹衡、郑光。

佟柱臣的研究生：赵万才。

(二)"文革"后

1976年，"文革"结束。1977年，恢复高考。1978年和1979年，考

---

[1] 我向刘一曼了解徐旭生。她说，她跟老师没什么接触。黄石林是徐老助手，比她更了解徐老。

古所招过两届研究生：

78级，六人，金则恭、黄其煦跟安志敏，马洪路、吴耀利、王仁湘跟石兴邦，靳枫毅跟佟柱臣。研究方向以新石器为主。这六人，金则恭去了湖南，黄其煦去了美国，马洪路去了中国康复研究中心（已去世），靳枫毅去了北京市文物研究所，只有吴耀利、王仁湘还在所里。

79级，五人。陈平、李零跟张政烺，研究殷周铜器。赵超跟孙贯文，研究石刻。熊存瑞跟夏鼐，研究唐代金银器。安家瑶跟宿白，研究中国早期玻璃器。这五人，陈平去了北京所，李零去了北大，赵超去了文物局，熊存瑞去了美国，只有安家瑶还在所里。后来，徐苹芳又把赵超调回考古所。

案 夏鼐不赞同社科院设研究生院，认为研究所以研究为主，不是办教育的地方。他更强调干中学。早期，考古所有导师制，如梁思永带安志敏，夏鼐带王仲殊，郭宝钧带王伯洪，苏秉琦带石兴邦，类似工厂的师徒制。[1] 这种制度不同于后来的研究生制度。

附二：考古所的二元体制

我是1977年到考古所。1978年4月，社科院成立，刘仰峤是副院长，代表院里负责考古所新班子的组建。新班子，所长是夏鼐，副所长是牛兆勋、王仲殊。牛所长，脑软化，去世比较早（1982年）。

当时的考古所，下设三个研究室。一室是史前考古研究室，二室是

---

[1] 石兴邦口述，关中牛编著《叩访远古的村庄——石兴邦口述考古》，92页。案：王伯洪，此书误作"王波宏"。

商周考古研究室，三室是汉唐考古研究室。研究室下辖各考古队。外地有所谓"两站一室"：安阳工作站、洛阳工作站、西安研究室。此外，所内还设实验室、技术室、图书资料室、编辑室。实验室，以碳-14测年为重点。技术室管绘图、照相、修复。技术室的人经常要出现场，处理各种"细活"。

1950年以来的考古所，一直分两个系列。一个系列有大专学历，属于研究员系列；一个系列没有大专学历，属于研究馆员和工程师序列。各室各队都是二元体制。没有大学学历而属前一系列，只有马得志一人。他是所中元老，"文革"后头一批晋升副研究员和研究员的人，其中就有他。后一系列的人，无论参加田野发掘，还是从事室内保护，都有身怀绝技的高人，如白万玉、魏善臣、钟少林、王予、王亚蓉、白荣金。然而此书有准入门槛，一律不收。

1977年，我到考古所时，年轻人都是小萝卜头。吴家安、杨焕新、刘忠伏，1975年到所；缪雅娟、刘勇起，1976年到所；冯浩璋，1977年到所；何方，1978年到所。他们是北京大学毕业。朱乃诚、王仁湘，1977年到所，四川大学毕业。白云翔、王吉怀，1978年到所，山东大学毕业。郑若葵，1978年到所，中山大学毕业。这批年轻人，当时叫"工农兵学员"。王巍、张静，1982年到所，吉林大学毕业。这批年轻人，现在多是所一级或室一级的领导或学术骨干。

案 现在，考古所第一研究室叫史前考古研究室(1978年叫原始社会研究室，2005年改今名)，第二研究室叫夏商周考古研究室(1978年叫商周考古研究室，1990年代始加"夏"字改今名)，第三研究室叫汉唐考古研究室。2001年增设边疆民族考古研究室。1995年实验室加入骨组、动物骨骼组，建考古科技实验中心，2009年改名科技考古中心。2004年技术室改文化遗产保护中心。此外，图书资料室改考古资料信息中心，编辑室改考古编辑室·考古杂志社。老人纷纷退休后，新进的工作人员几乎都有大专学历，硕士、博士、博士后一大堆。

考古所的二元体制正在消亡。一批更年轻的考古学家正在崛起，尚无列传问世。有关人物可参考下一章提到的《中国社会科学院考古研究所概览（1950—2000）》《中国社会科学院考古研究所（1950—2010）历程》。

小　结

"考古学家"是个可宽可窄的概念。宽，只要参加考古工作的人都算；窄，只有出类拔萃、青史留名的仨俩人。

西方考古学家分两种，一种以"发现"出名，如施里曼、伊文思、皮特里、吴雷，一种以"阐释"出名，如柴尔德、宾福德。中国的考古学家，很多都够得上第一种标准。他们的发现足够重要，足与西方的发现媲美。这都是托祖宗的福。后一种比较少，不可能太多，也不应该太多。无论中国、世界，都比较少。

考古是"人"干出来的。考古活动，参加者多，"考古学家"是少数几个人，还是方方面面全都照顾到？哪些算"考古学家"，哪些不算？标准很难定。投票不一定能评出学术水平，但可以大概率地反映"学术界"的构成，既非全部，也非个别。当然，"卓然成一家之言"的"家"还是历史说了算，时间长了，自有分晓。

上述材料说明，什么是考古学家，学过不一定是，干过也不一定是，挖过什么大遗址或出过几本报告或专著也不一定管用。投票、职务、地位很重要，行业代表性很重要。

当然，这也有例外，比如《夏鼐日记》经常提到的王伯洪，他在夏鼐"五虎将"中排第一，论资历，论地位，在考古所中都很重要，但结果怎么样？湮没无闻，哪本书都不收。

2022年2月5日，承王世民先生告：王伯洪是河北肃宁县人，1923年生，日本占领北平期间，曾就读于辅仁大学历史系（约1942—1946年）。战后，他和马得志一样，都是史语所北平图书史料整理处的工作人员。1954年以前，王伯洪是考古所唯一的党员（1946年入党，参加过北平解放前夕的地下斗争），曾任考古所学术秘书和殷周研究组副组长，1974年9月13日病故，终身未婚。他参加过建所初期的辉县发掘、长沙发掘，主持过长安县沣西遗址和张家坡铜器窖藏的发掘，主编过《沣西发掘报告》《长安张家坡西周铜器群》，[1] 但鲜有文章发表。

2011年12月28日和2012年3月6日，王世民接受常怀颖、余雯晶采访，他说初次接触王伯洪是在张家坡参加考古实习。印象是"王伯洪相当懒散，经常是晚饭后不久就躺到床上，队里其他人陪他聊天，与同学们的个别接触倒不太多"，并对王伯洪的生平有介绍，略如上述。[2]

---

[1] 中国科学院考古研究所编《沣西发掘报告》，北京：文物出版社，1961年；中国科学院考古研究所编《长安张家坡西周铜器群》，北京：文物出版社，1965年。
[2] 赵辉主编《记忆——北大考古口述史（一）》，北京：北京大学出版社，2012年，472页。

V

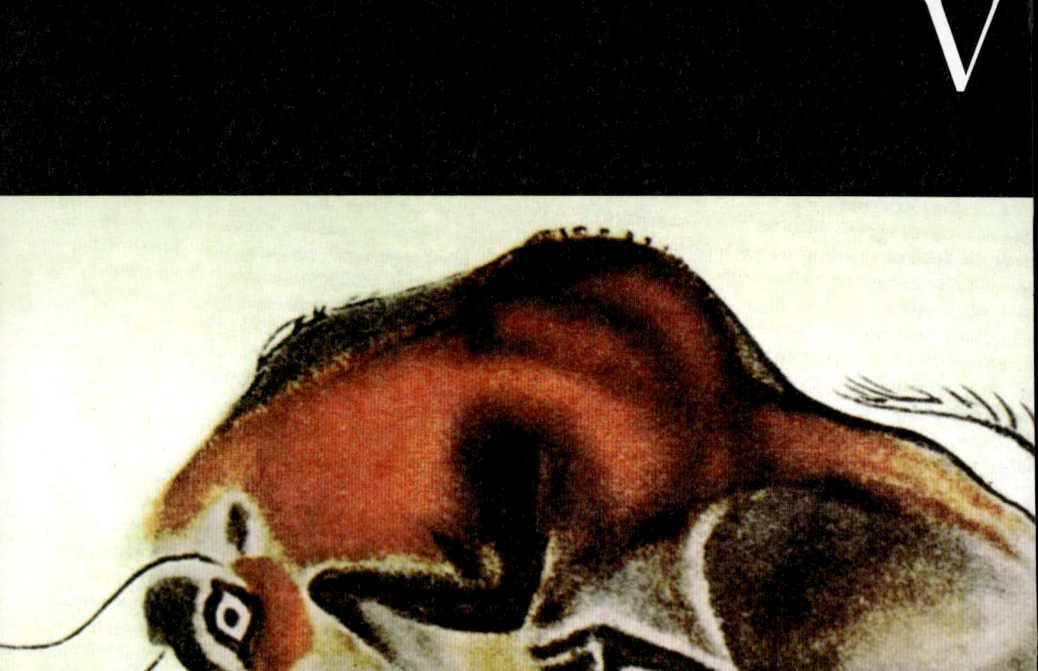

受伤的野牛，阿尔塔米拉岩洞壁画

世界考古学史

丹尼尔《考古学一百五十年》(黄其煦译，安志敏校，北京：文物出版社，旧版1987年，新版2009年)[1]

作者格林·丹尼尔(1914—1986年)，剑桥大学迪斯尼教授(第九位)，以研究考古学史著称。1973年10月8日，夏鼐在伦敦见过他(《夏鼐日记》卷七，389页)。

原书初版(1950年版)叫《考古学一百年》。[2]所谓100年，指1840—1950年，其实是110年。该版写于1945—1948年之间，属于第二次世界大战后的回顾与反思。第二版即此书，前十章大体沿用旧版，第十一章(1945—1970年)是续写。他在第二版序中说，他的考古学150年是从1819年丹麦国家博物馆开馆到他作序的1973年，起点和终点都变了，前后154年。书后附《考古学史大事年表(1819—1973年)》，正是讲这154年的大事。此书之前，作者出版过《史前史的理念》(1963年)、《考古学的起源与发展》(1967年)，[3]此书之后，作者出版过《考古学简史》(1981年)。[4]

黄其煦在再版序中说，此书译稿完成于1982年。当时，文物出版社打算出一套外国考古学名著的译本，夏鼐推荐此书，作为第一本。

译者是安志敏的硕士研究生(1978级)，1989年移居美国。[5]译序出自

---

[1] 原书Glyn Daniel, *150 Years of Archaeology*, London: Duckworth, 1976。夏鼐读此书，见《夏鼐日记》1985年5月23日(卷九，468页)。

[2] 原书Glyn Daniel, *A Hundred Years of Archaeology*, London: Duckworth, 1950。夏鼐读此书，见《夏鼐日记》1952年6月7—9日(卷四，487页)。

[3] 原书Glyn Daniel, *The Idea of Prehistory*, Cleveland: World, 1963；*The Origins and Growth of Archaeology*, Harmondsworth: Penguin, 1967。夏鼐读前书，见《夏鼐日记》1972年7月16日(卷七，291页)；读后书，见《夏鼐日记》1985年3月26日(卷九，449页)。

[4] 原书Glyn Daniel, *Short History of Archaeology*, London: Thames and Hudson, 1981。夏鼐读此书，见《夏鼐日记》1981年10月10日和10月11日(卷九，76、77页)。

[5] 黄其煦的硕士论文是《黄河流域新石器时代农耕文化中的作物——关于农业起源问题的探索》(分三期连载于《农业考古》1982年2期，55—61页；1983年1期，45—56页；1983年2期，94—98页)。(转下页)

安志敏。序称译稿经安家瑶校订，由他通读定稿。安家瑶是宿白为考古所代培的硕士研究生（1979级），安志敏的女儿。

此书分前后两段，第一至五章是一段，主要讲19世纪，第六至十章是一段，主要讲20世纪上半叶（1900—1950年），第十一章是续写"二战"后的考古学。

1800—1950年，前后共150年，古物学占40年（1800—1840年），考古学占110年（1840—1950年）。考古学从草创到成熟，形成自己的技术体系，主要是19世纪以来。古物学留给考古学的重要遗产是汤姆森三期说。作者续写的一章（1945—1970年），主要讲"二战"后的考古学。"二战"后的考古学是美国执牛耳，文化—历史考古学被过程考古学取代。书后附《考古学史大事年表（1819—1973年）》，时间范围不尽相同，前后共154年，这是世界考古学史的大致脉络。

第一章：古物学的背景

讲19世纪以前。作者说，公众对考古感兴趣，出于四种好奇心。第一是对祖宗（自己的直系祖先）感兴趣，如法国人对高卢人、凯尔特人感兴趣，丹麦人对哥特人感兴趣，英伦三岛的人对古不列颠人和皮科特人感兴趣（注意：作者没提德国人对日耳曼人或雅利安人感兴趣）。第二是对古迹、古物感兴趣。第三是对古人类感兴趣。第四是对文化的起源和它的变化规律感兴趣。欧洲考古三分。古典考古跟古典学和艺术史研究有关，根在南方。史前考古跟浪漫主义对古典主义的反动有关，根在北方。西欧、北欧缺古典遗存，转而研究本地遗存（如巨石阵、巨石墓），反而发现更古老的东西。近东考古跟拿破仑征埃及有关，跟欧洲人对《圣经》学和铭刻学的

（接上页）他有一本小书《我在故宫看大门》（署名"维一"，北京：生活·读书·新知三联书店，2011年）。我最后一次见他是在美国亚洲学会1990年的年会上。

兴趣有关。从历史到史前，从古物学到考古学，突破口是地质学。

案 "19世纪以前"，可以上推300年（1500—1800年）。欧洲考古三分，范围是欧亚大陆西部：欧洲、西亚、北非，特别是地中海沿岸。

第二章：古物学革命与地质学革命

讲19世纪早期（1800—1840年）英国和北欧的古物学革命和地质学革命。前者指赖尔的均变论战胜居维叶的灾变论，后者指汤姆森提出石器、青铜、铁器三期说。

案 三期说是按材质为古物分类。1919年丹麦国家博物馆向公众开放，就是照此布展，这是古物学留给考古学的重要遗产。此后，三期说不断被细分，至今仍为人们沿用。

考古报告，出土器物按材质分类，硬材料、软材料都收，这是最基础的分类。汤姆森三期说，其实是按硬材料分。石器、铜器、铁器都是硬材料，以工具、武器为主。三期中不包括陶器、木器和各种软材料。新石器时代，陶器排队是看家本事，但三期中没有陶器。陶器是生活用具，主要是吃饭家伙。

西方爱宝石、黄金类的饰物。

中国石器，玉礼器很突出；青铜器以食器、酒器、乐器类的铜礼器为主。

第三章：考古学的诞生

讲19世纪中期（1840—1870年）考古学代替古物学的十大事件。一是科学界承认远古人类与绝灭动物同时存在，二是科学界接受达尔文进化论，三是埃及、亚述、赫梯、波斯四学兴，四是三期说广为传播，五是石器时代分为旧石器时代和新石器时代，六是瑞士湖居遗址的发现，七是拉代(多译拉尔泰)发现旧石器晚期的人类，八是第三纪人类的发现，九是莫尔蒂耶的旧石器分期，十是凯尔特人、伊特鲁里亚人和斯基泰人考古遗存的发现。

案 作者把巴黎世界博览会开幕的1867年视为考古学成熟的标志，下面凑个整数，从1870年讲起。

第四章：成熟的考古学

讲19世纪晚期(1870—1900年)的考古学。史前考古：石器时代的分期被细化，洞穴艺术引起关注。近东考古：大英博物馆(即不列颠博物馆)在两河流域发掘，发现苏美尔文明；比特里(多译皮特里)在埃及发掘，发现前王朝文明。古典考古：施里曼(或译谢里曼)在特洛伊和迈锡尼发掘，发现古典希腊之前的迈锡尼文明和特洛伊二期文化。此外，蒙特柳斯(或译蒙特留斯)把北欧青铜时代分为五期，其中第一期又分两个小期，第一小期即若干考古学家提出的红铜时代或铜石并用时代。

案 此章是按史前、近东、古典的顺序讲。考古学成熟的标志不光在近东考古和古典考古的新发现，而且在史前考古的出现，三期说被细化。

第五章：1900年之前技术方法的发展

讲19世纪考古学的发掘水平。作者说，19世纪上半叶是"挖宝"的时代，考古发掘是为博物馆和私人藏家供货，盗墓和买卖文物成风；19世纪下半叶，法国的马里埃特、德国的施里曼、英国的皮特·里弗斯和比特里（多译皮特里）对田野发掘技术有大贡献，使考古学日趋成熟。

案 作者以"发现"和"技术"并重。"发现"靠运气，"技术"靠本事。19世纪，作者两分，前半是"挖宝"时代，后半才讲究发掘技术，重点讲古典考古。以下四章讲20世纪上半叶，重点是近东考古和史前考古。

第六章：近东文明的发现（1900—1950）

作者把近东考古分为六区：1. 克里特与爱琴海；2. 埃及；3. 美索不达米亚；4. 伊朗与里海东部地区；5. 安纳托利亚；6. 巴勒斯坦、叙利亚与塞浦路斯，讲20世纪上半叶近东考古的重大发现，如伊文思发现米诺斯文明，比特里和鲍姆加特尔对埃及的研究，克尔德威发掘亚述、巴比伦，伍莱（多译吴雷）发掘乌尔，摩根发掘苏萨，等等。作者说，这些发现和研究让人领略到柴尔德讲的"最古老的东方"，但还无法为他讲的"新石器革命"描绘出一幅完整的图景，以往人们以为埃及文明最早，后来认识到两河流域更早。

案 上述六区未及阿拉伯半岛，"里海东部地区"是中亚。作者提到，弗兰克福特曾把近东铜石并用时代的文化或文明分为四组：埃及组、安纳托利亚—高加索山南组、叙利亚组，以及高原文化组（或称伊朗文化组）。埃及组相当上述六区之2，安纳托利亚—高加索山南组相当上述六区之5，高原文化组相当上述六区之4，叙利亚组相当上述六区之6，无上述六区之1和3。上述六区之1属欧洲考古，或可排除，但上述六区之3很重要，不可或缺。

第七章：欧洲史前学（1900—1950）

分"发现""阐释""年代"三节。"发现"节讲各家对欧洲史前文化的综述，其中特别提到柴尔德和霍克斯的综述。"阐释"节讲各家对史前考古序列的认识，一种是用地质学方法，按阶段排；一种是用人类学方法，按文化排。作者说，史前史是历史，"我们所希望研究的是历史的环境和文化，而不是上面说的地质学的阶段和人类学的文化"（245页）。他最关心如何为史前文化排早晚，称"柴尔德的《欧洲文明的曙光》一书是用英语普及史前学中这一新研究方法影响最大的著作"（同上）。他高度赞扬《曙光》，说此书"不仅仅是一本在考古学上造诣极深、无可匹敌的作品，而且它给史前考古学的发展建立了一个新的起点"（同上）。"年代"节讲考古文化的相对年代和绝对年代。

案　作者对柴尔德评价很高，夏鼐也如此。

第八章：世界史前史的发展

讲欧洲史前史和近东史前史如何扩展为世界史前史，一是印度、中国、美洲史前史的发现，二是旧石器考古扩大到整个欧、亚、非大陆。

案　这一章未标年代，主要也是讲20世纪的发现。作者讲中国考古，主要在此章。他引顾立雅"中国人反感挖墓"说，用以解释中国史前发现为什么出现太晚。他说，安阳遗址的发掘者把60%的时间都花在对付土匪强盗。他把中国旧石器时代和新石器时代的发现主要归功于安特生,提到他的彩陶文化西来说,以及"中研院"挖城子崖、安阳和梁思永发现后岗三叠层等,没什么新鲜看法。

第九章:技术方法的发展(1900—1950)

分发掘技术、调查技术和分析技术。作者讲发掘技术,把它的完善归功于许多人在许多遗址上的不断摸索,如库齐乌斯在奥林匹亚,比特里在埃及,皮特·里弗斯在英国,克尔德威在巴比伦,安德烈在亚述,约翰·马歇尔在印度,惠勒挖梅登堡,等等。讲调查技术,主要介绍航拍技术的发展;讲分析技术,一是材料分析,二是地理分布和生态环境的分析,如土壤、孢粉、金属、石器和动植物的检测,以及绘制遗址分布图。

案 作者讲发掘技术,曾比较美索不达米亚与埃及的不同。埃及气候干燥,易朽的东西(如木头、织物、纸草文书、尸体)能保留下来,发掘工作主要是同石头遗址打交道;美索不达米亚不同,主要是同土坯墙打交道。他说的科学发掘,与考古队的人才配置有关。一个考古队的标配,除队长、管理人员和发掘人员,还有铭刻家、建筑师、测量师、摄影师、绘图师等。

第十章:回顾与展望

这是对考古学100年的回顾与展望,等于旧作的结语。作者说,本书所谓"考古学"专指史前考古学。史前考古学与人类学是齐头并进(但他补充说,人类学是在考古学处于成熟期才出现,比史前考古学要晚):考古学研究人类的过去,人类学研究人类的现在,两者都以没有文字的人类为对象。他不同意柴尔德把考古学和人类学当作科学的两个分支,认为史前史仍是史，它像历史学一样，是一门人文学科（研究人而不是自然），而不是科学。他说的科学是自然科学。

作者认为，发掘很费钱，只有精挑细选的遗址才值得发掘。少发掘，可以腾出时间消化已发掘的材料，做系统研究。他赞同泰勒的说法，"考古学家的目的绝对不是准确地发掘和出版发掘报告，甚至也不是准确的地层比较，以及他误称为'文化'的器物类型的划分，而是撰写历史。他极力主张在考古学中采用他所谓的综合研究，这正是我们在本书中一直提倡的做法，即对史前时代一个时期的文化作全面的研究。正如克劳福德近来所说的，'我们都是灰土满身的考古学家'。这话是对的，但是仅作为一名灰土满身的考古学家是不够的。考古学家如果不能写出历史，他就恰恰应了胡顿的讥讽。胡顿说考古学家是'科学上年迈的花花公子，半截身子埋在古代的垃圾堆中……丝毫不顾目前的需要'。考古学家的工作是否重要，并不是看他发掘的数量、规模和次数，而是看他对撰写或重新撰写人类早期历史的贡献大小"（325页）。

最后，作者有一段话耐人寻味，"马雷特在论及赖尔、卢伯克、泰勒和约翰·伊文思爵士这一代人时曾伤心地说：'他们这一代人是先知的时代，而我们这一代人却是大规模生产的时代，工厂需要更多的人手。与此相比，能够懂得天象的有魅力的大师却显得不那么需要了'"（326页）。尽管他也知道，"无可奈何花落去"，但却宁愿相信，"考古学在下一个一百年中将会造就出像头一百年中那样多的先知和有魅力的大师"（同上）。

<u>案</u>　　作者提到柴尔德和霍克斯的鹈鹕版畅销书和克劳福德创办的《古代》。鹈鹕版（Pelican Edition）即企鹅版（Penguin Edition），《古代》

即 Antiquity 杂志，通常译为《古物》(陈淳译为《文物》)，1957年克劳福德去世后，杂志由丹尼尔接手。

作者不喜欢柴尔德说的"历史上发生过什么"。他说，"或许有一天我们可以说历史上曾发生过什么，但我们绝对不能说出史前史上曾确实发生过什么。因为还没有，也绝不可能有一种史前思想史。思想史始于文字"(323页)。此说可商。

又书中论及"史前学为现实服务"，即利用史前学为民族和政治目的服务。作者说，"正如意大利人和德国人在第二次世界大战期间的所作所为。直至今日，俄国的史前学家还在干着这种勾当"。此说把苏联与法西斯德国和意大利混为一谈，带有典型的西方偏见。

第十一章：1945—1970年的考古学

以上十章写于"二战"后的1945—1948年，这一章是续写。作者提到，1932年英国大学只有不到10个教职，战后考古大发展，通过广播，居然变成时髦学问。这一时期，有四大变化：1. 史前考古变成世界性的学问，即第一节"世界史前学"和第二节"史前的欧洲"所述；2. 美洲考古繁荣，即第三节"美洲"所述；3. 科技考古成绩突出，即第四节"科学与考古学"所述；4. 史前史以下的考古得以确立，即第五节"历史考古学"所述。其最后一节(第六节)"新考古学与伪考古学"很重要。作者讨论"考古学是科学还是历史学"。他赞同考古学是"历史学的一门辅助性学科"，不太欣赏纷乱如麻、术语艰涩的"新考古学"。他说，美国考古学家因为缺乏哥伦布时代以前的考古记录，对他们所能掌握的考古证据感到沮丧，才埋头理论和方法，把时间花在"文化过程"和"文化动力"一类问题上。他说，欧洲考古学家，大卫·克拉克的《分析考古学》最接近这类新说。他说，他更关心两个问题，一是经济的发展，二是艺术的发展。同时，他也指出，战后考古的发展纠正了柴尔德的年代判断和传播论解释。

案 注意：夏鼐提到"新考古学"，与此书评价相似（参看本书第九章）。他参考过此书。

夏鼐时代的考古学史，此书是代表作。此书之译与夏鼐晚年主编《中国大百科全书》考古学卷有关。

《夏鼐日记》最后一年（1985年）记载：

5月23日："又至安志敏同志处，将黄其煦同志所译Daniel[丹尼尔]《考古学一百五十年》中的《考古学史大事年表》退还给他，因为错误过多，已约莫润先同志重译。"（卷九，468页）

6月15日："下午将莫润先同志所拟的《大百科》考古学卷需要英译的条目列表，加以删节；又为《世界考古学史大事年表》的最近几年（1980年止）据《英国大百科全书年鉴》历年'考古学'条，加以摘取。"（卷九，475页）

6月16日："将《世界考古学史大事年表》的1973—1979年大事增入，然后审阅莫润先同志的译稿（丹尼尔《考古学一百五十年》一书的附表），错处不少，校阅一半。"（卷九，476页）

日记止于次日上午，下午，夏鼐突感身体不适，随即入北京医院，终不治，于19日去世。他没能看到译本出版。

看来，夏鼐想以丹尼尔《考古学一百五十年》一书的附表《考古学史大事年表（1819—1973）》为基础，续补到1980年，作为《中国大百科全书》考古卷的附录《世界考古学史大事年表》。但此卷最后出版，只有

《中国考古学年表（1898—1984年）》，没有《世界考古学史大事年表》。

保罗·G. 巴恩主编《剑桥插图考古史》(郭小凌、王晓秦、王铁军译，济南：山东画报出版社，2000年)

　　此书是集体创作，撰稿人有18位。[1]巴恩是剑桥大学考古学博士，对考古学知识的普及有贡献。中译本略显粗糙，很多译名与通行译法不同，而且一词多译，在书中极不统一。

　　全书结构与前书不同。第一，时间范围扩大，上限起自1500年，下限止于1994年，前后积494年，不是150年，而是将近500年，每章每节紧扣资本主义全球史，一步不落。第二，叙述顺序，由近及远，先欧洲（分史前考古、古典考古和中东欧考古），次近东，次印度，次远东，最后是非洲、大洋洲、美洲，反映欧洲视角下的观察顺序。

　　考古学有三大课题，旧石器时代是人类起源，新石器时代是农业起源，铜石并用时代是城市起源和文明起源。西欧旧石器考古是重中之重，由巴恩亲自执笔，其他地区由各方面的专家写。

　　书前有伦福儒序和巴恩前言。

　　伦福儒在序言中强调，考古学是人类对人类过去的自我认识，特别是对史前史和世界史的认识，每块大陆、每个地区都有自己的考古学。

　　巴恩在前言中说，考古学家一词最初指用哑剧在舞台上再现古代故事的人(注意：哑剧的特点是不用台词，只用动作和表情)。考古学史既是考古学家的历史，也是考古学家通过考古再现历史的历史。他坦承，此书难免西方中心论之讥，但辩称，考古学既然是西方人所创，不能不

---

[1] 原书：Paul G. Bahn ed., *The Cambridge Illustrated History of Archaeology*, Cambridge : Cambridge University Press, 1996。

强调欧洲视角。最后，他向前书作者丹尼尔致敬。

第一章：对考古学的考古

主要讲近代以前人们对古代的理解和探索。下分两个小节。

1. 近代以前对过去的认识。分四块讲：第一是近东，第二是古典世界（插叙：奥林匹亚的宙斯雕像。此像是"世界七大奇迹"之一），第三是中古欧洲（插叙：被排挤掉的偶像崇拜。指基督教对异教纪念物的摧毁和改造），第四是欧洲以外（插叙：活跃在北美的斯堪的纳维亚人。讲斯堪的纳维亚人是否到过美洲）。作者说，公元前6世纪巴比伦国王纳波尼德掘开一座神庙的地板，挖出近2000年前的基石，是"已知最早的考古调查"。

2. 寻找时间段。讲欧洲人为上帝创世定年，如詹姆士·阿瑟尔（或译詹姆斯·厄谢尔）于1650年宣称世界是在公元前4004年10月23日中午被创造出来。

案 此章是个引子，尚未进入正题。丹尼尔的书没有这一段。

第二章：旧世界和新世界（1500—1760）

主要讲地理大发现以来，[1]欧洲海外扩张，发现新世界，引发古物学研究。下分八个小节。

1. 遭遇其他文化。讲哥伦布发现新大陆，科尔特斯征服墨西哥（插叙：特诺奇提特兰城。此城是玛雅人的都城）、皮萨罗征服印加，遭遇印第安文化。

2. 接触东方。讲欧洲人到美索不达米亚、叙利亚、巴勒斯坦和波斯

---

[1] 迪亚士发现好望角在1488年，哥伦布发现巴哈马、古巴、海地在1492年，达·伽马发现印度在1498年，麦哲伦环球旅行在1519—1522年，托勒斯发现澳大利亚在1606年。1500年是个约数。

旅行。

3. 印度和远东。讲葡萄牙人和其他欧洲人发现印度和东南亚。

4. 幸存下来的古典文物。讲西欧和北欧人对希腊、罗马艺术品的收藏热（插叙：阿兰德尔伯爵托马斯·霍华德。此人是英国最早的古典文物收藏家之一）。

5. 最初的古物学家。讲英国、德国和中欧、东欧的古物收藏。

6. 史前史露出端倪。讲路易十四建凡尔赛宫，因开采石料，发现史前遗物。

7. 奥伯雷（或译奥布里）和斯蒂克利。[1]讲二人把巨石阵当德鲁伊特教（凯尔特人的教）的遗迹来研究。

8. 关于远古的最初暗示。讲1690年科内尔斯在伦敦附近的格雷旅馆路发现旧石器石斧。

案　　此章讲最早的古物学，年代比丹尼尔讲的古物学史早。丹尼尔的书也没有这一段。

第三章：古物学家和探索者（1760—1820）

主要讲启蒙时代以来，古物学的出现和人们对考古学的最初探索。下分九个小节。

1. 启蒙时代关于人类过去的看法。讲启蒙时代的进步观念。作者说，梅尔卡蒂引卢克莱修《物性论》已经提出石器、铜器、铁器三期说。此章和此章以下是按欧洲考古（史前考古、古典考古、中东欧考古）、近东

---

[1] William Stukeley，44页译"斯塔克利"，50页译"斯蒂克利"。

考古、印度考古、远东考古、非洲考古、大洋洲考古和美洲考古依次介绍世界各地的考古。

2. 浪漫主义。讲欧洲传统，南北不同。古典主义，根子在南方；浪漫主义，根子在北方。作者说，古典遗存多在地中海沿岸，西欧、北欧缺古典遗存，反而有助史前考古学在这些地区早熟。这一时期，很多北方人都仰慕希腊、罗马，不惜翻山越岭，到南方旅游，但北方人对本地古物的兴趣却与他们对凯尔特人和德鲁伊特教的狂热崇拜有关。

3. 持铁锹的人。讲丹麦、英国、法国的早期发掘(插叙：挖掘古墓的英国人)。虽然这一时期仍充满混乱，但作者说，研究性的发掘(不以挖宝为目的，而以理解过去为目的的发掘)已经出现。

4. 考古与观光旅行。讲古典成为时髦，英国绅士和德国贵族纷纷南下，到意大利看东西；庞贝古城的发掘，为人们揭示出一座被维苏威火山吞没的罗马城市；古典文物引发艺术鉴赏热，很多旅游归来的人都用他们的收藏品装点住宅(插叙：威廉·汉密尔顿爵士。此人也是英国的古典文物收藏家)。最初，他们去意大利，后来去希腊。可见古典考古与艺术史研究有不解之缘。作者把温克尔曼称为"古典考古学之父"。

5. 化石人初次引起轰动。讲考古地层学的发明，人们对化石人和古动物共存的初步认识。以上讲欧洲考古的背景。

6. 古老而遥远的土地。讲近东考古的背景。近东考古与《圣经》有关，人们曾以为人类文明发端于埃及。拿破仑远征埃及，商博良破译罗塞达石碑(多译罗塞塔石碑)是埃及学的起点(插叙：商博良和罗塞达石碑)。欧洲人在埃及、美索不达米亚、阿拉伯半岛和黎凡特地区的探险，促成了东方学的建立(插叙：重新发现巴比伦。讲里奇发现巴比伦)。

7. 印度。讲印度考古的背景。作者说，印度学是从梵文和佉卢文的释读起步。亚历山大东征，曾到达印度河流域，印度出土的钱币与希腊、罗马有关，这是欧洲人的兴奋点。

8.发现世界的尽头。讲大洋洲考古的背景。讲库克船长三下大洋洲（插叙：库克船长的民族研究），澳大利亚的开发。

9.居住在美洲大陆的是什么人。讲美洲考古的背景。早在1648年，已经有人猜测，美洲大陆的原住民是从亚洲大陆经白令海峡到达美洲的印第安人。19世纪，人们曾争论谁是美洲中西部土墩墓的始作俑者。作者说，北美第一次有记录的发掘是美国第三届总统杰斐逊于1784年所为。

案 这一段，除最后两年进入丹尼尔的叙述范围，丹尼尔的书概未涉及。

作者说，比卢克莱修更早，中国哲学家已有类似"三期说"的说法，引文未注出处，中译本是据英文意译。今案此说实出《越绝书·外传记宝剑》风胡子对楚王问，原文是：

> 轩辕、神农、赫胥之时，以石为兵，断树木为宫室，死而龙臧（藏）。夫神圣主使然。至黄帝之时，以玉为兵，以伐树木为宫室，凿地。夫玉，亦神物也，又遇圣主使然，死而龙臧（藏）。禹穴之时，以铜为兵，以凿伊阙，通龙门，决江导河，东注于东海，天下通平，治为宫室，岂非圣主之力哉？当此之时，作铁兵，威服三军。天下闻之，莫敢不服。此亦铁兵之时，大王有盛德。

第四章：科学和浪漫（1820—1860）

主要讲古物学到考古学的过渡。"科学"指地质学对考古学的推动，

"浪漫"指民族考古学的出现。下分七个小节。

1.《创世记》与地质学。讲地质学改变了《创世记》对人类历史的认识。彼尔特靠地层学研究，证明古人类与古动物并存，并把石器分为早晚两种类型（"前洪水人"的石器和"凯尔特人"的石器），即后来所谓的"旧石器"和"新石器"（插叙：布歇·德·彼尔特。此人是法国考古学家）。

2.史前史的三个时代。讲汤姆森三期说。这种分期是发展卢克莱修说，按材质为古物分类，与博物馆布展有关。他把丹麦国家博物馆的文物按石器时代、铜器时代和铁器时代排序，向公众开放，对后世影响很大，至今沿用（插叙：丹麦国家博物馆）。其后，沃索（或译沃尔索、沃尔塞）对汤姆森三期说有所修正。他把丹麦贝丘遗址分为早晚两期，早期即后来所谓的中石器时代（mesolithic），晚期即后来所谓的新石器时代（"新石器"一词是卢伯克的创造）。作者把他称为"第一位真正的比较考古学之父，真正的近代考古学之父"（插叙：丹尼尔·威尔逊与史前史。讲威尔逊首先把"史前史"概念引入英语）。[1]

3.民族考古学。讲斯拉夫人寻找古斯拉夫人的考古遗存，德国人寻找日耳曼人的考古遗存。作者说，考古学领域的民族主义有两个前提：一是汤姆森和沃索确立的年代序列；二是19世纪中叶流行的进化思想。在他看来，民族主义是德国浪漫主义的近亲，浪漫主义与启蒙运动作对，导致狂飙运动，感情用事，也是反理性（插叙：瑞士的湖上住宅。讲人们对史前生活的浪漫幻想）。注意：进化思想和浪漫主义，在作者笔下都有负面含义。

4.田野考古的发展。讲英国考古学系成立，拉姆绍尔发掘哈尔斯塔

---

[1] 德国有比较考古研究所，即德意志考古研究所（Deutsches Archäologisches Institut），在波恩。见《夏鼐日记》1983年6月28日（卷九，232页）。

特墓地。

5. 发现埃特鲁利亚人（即伊特鲁利亚人）。埃特鲁利亚文明是古罗马的前身。以上讲欧洲考古。

6. 近东考古的先声。讲埃及铭刻学的发展，马利埃特建开罗博物馆（插叙：吉奥凡尼·贝尔佐尼。贝尔佐尼是埃及文物的大收藏家），博塔发掘赫尔沙巴德（即豪尔沙巴德），莱亚德发掘尼尼微、尼姆鲁德和巴比伦尼亚（插叙：莱亚德在尼尼微），罗林森破译楔形文字（插叙：破译楔形文字）。以上讲近东考古。

7. 对古代美洲的探索。讲斯蒂芬斯和凯瑟伍德在尤卡坦的发现、美国中西部的土墩遗址。以上讲美洲考古。

案 丹尼尔把1819—1940年叫古物学时代，他是以1819年丹麦国家博物馆按汤姆森三期说陈列向公众开放为古物学时代的起点。这是古物学发展的标志性事件。作者把1820年当此期上限，凑个整数，正在第二年。作者说，"19世纪中叶，是古物学家时代向考古学家时代过渡的最终完结的时代"，"1859年是'令人惊异'之年，是具有里程碑意义的一年。人类的远古时代在这一年里得以确认。查尔斯·达尔文的《物种起源》一书也在这年问世"。他把1860年当此期下限，凑个整数，正在第二年。

第五章：寻找人类的起源（1860—1920）

主要讲法国考古学家对人类起源的探讨，以及他们对欧洲旧石器考古的贡献。1860年是达尔文《物种起源》发表的次年，1920年是第一次世界大战结束后的第二年。这段时间是进化论流行的年代。作者说，《物种起源》影响太大，19世纪末，摩尔根、泰勒、卢伯克都深受影响，如果此说只流行于学术圈还为害不大,但不幸的是,它远远超出了学术圈,甚至使考古学和人类学成了帝国主义的思想支柱。[1]下分七个小节。

1. 最早的欧洲人。讲法国考古学家对欧洲人类起源和旧石器考古的贡献(插叙:阿尔塔米拉与洞穴艺术的发现;皮尔当人的骗局);俄国东欧部分的古代人类;挪威人在奥斯陆发现维京船葬,用复制的维京船横渡大西洋,参加1893年的芝加哥世界博览会;里弗斯对田野考古方法的贡献;蒙特柳斯对考古类型学的贡献;科辛纳(或译科西纳)的民族主义考古学和舒哈特对科辛纳的反驳;西班牙、马耳他和意大利的史前史发现。

2. 古典世界。讲施里曼发掘特洛伊,伊文思发掘克诺索斯。以上讲欧洲考古。

3. 近东。讲皮特里在埃及发掘,法国考古队和美国考古队发现苏美尔人,科尔德威发掘巴比伦,法国考古队发掘苏萨,不列颠博物馆在美索不达米亚发掘,温克勒在土耳其博哈兹伊科发掘赫梯首都哈图沙(多译哈图沙什),赫罗兹尼破译赫梯文字,以及皮特里等人在巴勒斯坦的发掘。作者说,埃及考古首先属于史料学,最初是为《圣经·创世记》和《出埃及记》提供佐证,皮特里为埃及考古学分型分式,建年代序列,功不可没,他是"在近东发掘的第一位真正的考古学家"。这是讲近东考古。

4. 印度。讲坎宁安和马歇尔对印度考古学的贡献。这是讲印度考古。

5. 远东。讲斯文·赫定、勒科克和斯坦因的中国探险。这是讲远东考古。

6. 非洲。讲非洲石器和非洲人种学,以及大津巴布韦墙和尼日利亚艺术。这是讲非洲考古。

---

[1] 达尔文(1809—1882年)与马克思(1818—1883年)、摩尔根(1818—1881年)是同时代人。

7. 大洋洲。讲大洋洲的石器时代：澳大利亚土著属于新石器时代，塔斯马尼亚土著属于旧石器时代，新西兰毛利人的祖先，猎取恐鸟的人，亦属新石器时代，但恐鸟绝灭，时间比较晚。与恐鸟共存的遗址，时间可以拖到很晚。书中还讲到太平洋小岛复活岛的发现。这是讲大洋洲考古。

8. 美洲。讲北美考古和最早的美洲人，中美洲考古和马雅文明（即玛雅文明），南美考古和安第斯文明（印加文明），以及马丘比丘的发现。这是讲美洲考古。

<u>案</u> 此章不光讲人类起源，还概述初具规模的世界考古。

第六章：考古学成熟的年代（1920—1960）

主要讲文化—历史考古学。这段历史跟战争有不解之缘。第一次世界大战结束，迎来第二次世界大战；第二次世界大战结束，又迎来冷战。一次战祸为另一次战祸埋下祸根，一直影响到现在。下分18个小节。

1. 新的专业化趋势。包括航空摄影（"一战"已有空战，飞机被用于军事摄影）、惠勒发明探方发掘法（插叙：莫蒂默·惠勒）、沃索发明地貌处理法，以及孢粉分析法。此书特别强调科技，总是把科技进展放在开头讲。

2. 石器时代的史前史。讲西欧旧石器考古的进展（插叙：拉斯高。拉斯高，或译拉斯科，即1940年发现的拉斯科洞穴）。

3. 为国家服务的考古学。讲苏联考古、纳粹考古和东欧的重大发掘。苏联考古，包括斯大林时代的考古和冷战时期的考古（插叙：苏联学者的大思路）。作者把前者叫"党对'过去'的控制"，提到1929年的帕祖里克（即巴泽雷克）发掘。纳粹考古，指科辛纳弟子和其他投靠纳粹者的考古。第二次世界大战，英、法、美是一极、德、意、日是一极，苏联是一极，好像三国演义。西方以"终结者"自居，把另外两极视为一伙(完全无视苏联为消灭纳粹做出最大牺牲)，最能代表西方政治的"政治正确性"。作者把苏联考古和纳粹考古划为一类，显然是政治偏见。但此节插叙"苏联学者的大思路"出于哈佛大学的卡尔·兰伯格·卡洛夫斯基，却比较公允。他说，"苏联考古学家第一个发现了完整的旧石器时代的住地和新石器时代的村落，出土了大批中世纪的城镇遗址。在整个20世纪30年代，他们的活动遍及欧亚大陆，不仅恢复了操斯拉夫语的各加盟共和国的文化史，而且恢复了巴尔干地区、高加索地区、中亚和西伯利亚的文化史的探寻"，苏联考古的特点是"大规模考古"，"在各次发掘中，横向挖开的规模非常之大，即使是在今天，在苏联解体后形成的各个国家里，考古学家们仍倾向于对一个遗址进行广泛发掘，其规模远比西方学者所做的要大得多"。虽然，这种工作方法有利也有弊，但"显而易见，东方和西方有大量的东西是可以互相学习的"。

4. 放射性碳素断代法的兴起。讲碳14测年法，这是1949年的发明，考古年代学的革命。以上讲欧洲考古。

5. 古典世界的大型发掘。讲美国人对雅典广场和北非罗马城市的发掘(插叙：戈登·柴尔德；希腊陶器和陶工)。

6. 重新评价迈锡尼。讲布利根发掘特洛伊，学者重新评价迈锡尼文化与米诺文化(多译米诺斯文化)和安纳托利亚的关系，以及1952年文特里斯破译线形文字B(插叙：线形文字B的破译)。以上讲欧洲考古。

7. 在欧洲之外：旧石器时代的历史。综述非洲、近东、中亚、南亚和远东的发现。特别提到英国女考古学家加罗德，称她是牛津大学和剑桥大学的"第一位女教授"(对女性身份和少数族裔身份的强调很符合西方"政治正确性")。[1]

8. 埃及学的黄金时代。讲布吕耶尔发掘代尔·埃尔-麦迪纳(多译德尔·埃尔-麦迪纳),皮埃尔·蒙泰发掘塔尼斯,卡特发掘图坦哈蒙墓(插叙:金光闪闪的图坦哈蒙墓。图坦哈蒙,或译图坦卡蒙)。

9. 苏美尔人。讲吴雷发掘乌尔王陵。

10. 美索不达米亚北部的史前史。讲马洛温发掘阿帕奇亚土墩、查加尔巴扎土墩,帕罗特发掘哈拉里土墩,谢弗发掘乌伽里特。

11. 《圣经》考古。讲耶利哥和耶路撒冷的发掘。

12. 以色列:探索自己的根源。讲马萨达和夏琐的发掘。

13. 波斯和中亚。讲格什曼(即吉尔什曼)和赫茨菲尔德在伊朗的发掘,以及中亚和阿富汗的发掘。以上讲近东考古。

14. 印度文明。讲惠勒发掘哈拉帕遗址和摩亨佐·达罗遗址(插叙:莫蒂默·惠勒和印度考古)。以上讲印度考古。

15. 远东。讲安特生发掘周口店和仰韶村,裴文中发现北京猿人,李济发掘殷墟,以及日本和朝鲜的发现。以上讲远东考古。

16. 非洲。讲达特在南非发现非洲南猿,利基夫妇在奥杜威峡谷发现第一块东非南猿化石(插叙:利基夫妇在奥杜威峡谷)。以上讲非洲考古。

17. 大洋洲考古。讲澳大利亚史前史的发展。20世纪50年代以前的代表人物是弗里德里克·麦卡锡和诺尔曼·廷达尔,20世纪50年代以来的代表人物是约翰·马尔瓦尼。

18. 对美洲的研究。讲北美、中美洲和南美的进展,如奥尔迈克文化(多译奥尔梅克文化)的发现(插叙:纳斯卡的线条。秘鲁的发现)。

---

[1] Dorothy Garrod(1939—1952年),剑桥大学的迪斯尼教授(第七位)。

案 作者讲苏联考古学，标题本身就存在偏见。西方意识形态，个人至上，任何凌驾个人之上的集体主义和国家行为都有负面含义，他们往往以国家压制个人作为挞伐对象，故意把苏联和法西斯德国混为一谈。注意：中国考古同样也是"为国家服务的考古学"。

文化—历史考古学，代表人物是柴尔德。作者把柴尔德跟希腊陶器放在一块讲，有点莫名其妙。柴尔德是马克思主义者，亲共亲苏，作者不喜欢，但又绕不过去。他虽承认，柴尔德"是20世纪最有影响力的考古学家"，但不忘补充，柴尔德并不喜欢人家称他为马克思主义史前学家，他到底在多大程度上接受马克思主义，存在争论。显然，作者并不愿意让他以马克思主义者的形象出现在考古学大师之林。

第七章：新技术和众说纷纭的考古学说（1960—1990）

主要讲美国"新考古学"出现后的大趋势。这个大趋势，就是越来越技术化，越来越理论化。所谓"新技术"，指考古学引入的各种科学技术。所谓"众说纷纭的考古学说"，指美国新考古学和它的各种理论。下分十个小节。

1. 科学与考古学。指碳14测年和树轮校正法，植物考古学和动物考古学，电脑数据处理（插叙：哈什多夫。讲德国南部发现的凯尔特人大墓），以及上古天文学等。

2. 考古思想。指1960年后由宾福德和其弟子提倡的进程考古学（即过程考古学），以及随后出现的后进程考古学（即后过程考古学）和马克思主义考古学。

3. 西方的新动向。指人类学家"以后证前"的类比法、实验考古、都市考古、湿地考古（插叙：诺夫哥罗德；文多兰德。前者在俄罗斯西北，后者在英国北部)、水下考古(插叙：乌鲁·布鲁恩——青铜时代的沉船)。

4. 石器时代考古学。讲欧洲旧石器考古的进展，如法国考古学家安德烈·勒鲁瓦-古兰和弗朗哥·波德斯的研究。

5. 地中海世界。讲古典考古的进展(插叙：佛吉纳。讲1977年马其顿王腓力二世墓的发现)。以及近东旧石器时代和文明起源的研究(插叙：农业的起源)。

6. 埃及与近东。讲埃及考古和近东考古的进展，如"拯救努比亚遗址国际行动"、以色列考古(插叙：马萨达)和文明起源研究(插叙：农业的起源)。

7. 远东。讲日本、朝鲜和中国的考古发现(插叙：兵马俑)。

8. 非洲考古学。1960年以来，东非考古代替南非考古，东非夏娃"露西"的发现(插叙：夏娃是非洲人吗)，使东非成为研究人类起源的焦点(插叙：拉依托里的脚印。讲370万年前远古人类直立行走的证据)。此外，作者说，世界绝大多数地方的先民，主要以妇女采集为主，狩猎只在北极地区才占有重要地位。最先到达狩猎现场的往往是食肉动物，人往往是吃它们剩下的东西(插叙：伊格布·乌克乌。讲西非的青铜工艺)。

9. 大洋洲：岛国世界的殖民化。主要讲五个问题，一是年代，澳大利亚土著的历史有6万年之久；二是他们的来源，可能是中国和印尼；三是对土著考古遗址的保护；四是对欧洲人到来之后的考古；五是巴布亚新几内亚、波利尼西亚、美拉尼西亚和澳大利亚、新西兰的关系。

10. 美洲：巴西发现的遗址可以早到4万年前。北美没有太早的遗址，阿拉斯加发现的遗址只能早到1万年前左右(插叙：查科大峡谷和蒲韦布洛·班尼托)。讲"文化资源管理"、新考古学对拉丁美洲的研究，以及玛雅文字的研究(插叙：普罗斯库里亚科夫与马雅。塔蒂亚娜·普罗斯库里亚科夫是美籍俄裔女考古学家,他是玛雅文字专家。马雅,多译玛雅)。

案 "文化资源管理"(cultural resource management,简称CRM)是美国用立法形式对文化遗产提供的保护。

美国,土地私有,博物馆靠私人收藏和拍卖行,考古靠开发商雇用的考古公司,[1]跟我国完全不同,跟欧洲也不完全一样。

这里讲得很清楚,"美国联邦法案只适用于联邦土地上的遗址,但是各州甚至一些城市也在它们的辖区内,制定了相应的遗址保护法。然而,这些法案并不适用于私人土地上的遗址,如何处置私有土地上的遗址完全是土地所有人的私事","根据法律,如果不事先对评估开发或改造工程对考古遗址的影响,就不能对联邦土地进行开发和改造——不论是由政府安排的还是由私人团体安排的。这种工作是由为开发商服务的私人考古公司进行的,但需要联邦考古学家的监督"。

第八章:目前的分歧和未来的趋势

作者说,考古学已成为一门国际学科,新发现、新技术、新思想层出不穷,但同时也是一门支离破碎的学科,充满分歧。

1.考古学与妇女。反对歧视妇女,把考古视为男人的工作。反对只重视男人在历史中的活动,如狩猎和制造工具(插叙:妇女的工作。讲欧美的女考古学家)。

2.考古学与少数民族。反对歧视少数民族,如美洲印第安人不让考古学家挖他们的祖坟和遗迹,要求博物馆归还他们祖先的遗骸和遗物,美国

---

[1] 这种考古也叫"合同考古",即contract archaeology。

为此而立法，尊重他们的意愿(插叙：谁的过去？考古学家与土著人之争)。

3. 政治与考古学。最能体现西方惯用的冷战思维和所谓"政治正确性"。第一，批判纳粹考古学和苏联考古学，把两者相提并论。第二，批判民族主义考古学，以萨达姆认同尼布甲尼撒、巴列维认同居鲁士大帝为例。非洲考古也被归入民族主义考古学。反苏反共，用第一类标签；打压亚非拉，用第二类标签。

4. 劫掠和伪造。反对盗墓和造假。作者舍本逐末，只讲苏联、东欧解体后的盗墓和造假，却不问是谁造成了这一现象，被盗和造假的文物又流向了哪里(插叙：盗墓与国际艺术市场)。答案很清楚：正是欧美国家。这就像我的家乡晋东南，许多寺庙的琉璃屋脊惨遭劫掠，问题的根子并不在劫掠者，而在订货人——附庸风雅的官员和所谓"文化人"。

5. 旅游与保护。作者以远东特别是中国为例，说政府把考古当作"增强民族认同感和增加税收的工具。投入考古资金多少取决于它能带来多少回报"。的确，"改开"以来，中国为了脱贫，曾经提出"以文物养文物"和考古旅游化。此风一直影响到现在。

6. 公众的教育。公众考古从一开始就与筹措资金、回馈考古和遗址保护(遗产公园和再现工程)有关。

7. 在地平线上。预言考古学的发展趋势。英语 on the horizon 的意思是即将发生。作者强调考古服务全人类、考古多样性、考古为公众服务，并引克拉克语"[考古]不是学界精英们的智力游戏"。最后说，"考古学是惟一能够解答远古人类问题的学科。如果说过去为现在下了定义，那么考古学就应永世长存"。

案　　此书很能体现西方的"政治正确性"。如保护弱势、保护妇女、保护少数民族、保护同性恋、保护动物、保护地球，由此形成各种反歧视的Taboo。其实，"人生而平等"正是因为"人生而不平等"，所谓平等只是法律意义上的平等，"以形式上的平等掩盖事实上的不平等"，马克思叫"资产阶级法权"。此章的批评对象主要是苏联、中国和亚非拉。其实批评和被批评是光影关系，骂人等于骂自己。

夏鼐《考古学》："考古学简史"节(收入《夏鼐文集》，北京：社会科学文献出版社，2016年，第一册，253—268页；原为《中国大百科全书》考古学卷前言的4—12页，与王仲殊合写)

此节参考过上丹尼尔书。简史分五期：

(一)萌芽期(1760—1840年)

讲拿破仑征埃及、庞培古城(多作庞贝古城)发掘、商博良破译罗塞塔石碑、温克尔曼对艺术史的研究。

案　庞培古城的发掘在1748年，温克尔曼《古代美术史》的出版在1764年，拿破仑征埃及在1798年，商博良破译罗塞塔石碑在1822年。作者为什么以1760年为此期上限，不清楚。丹尼尔以1840年为考古学诞生的年代，这是此期的下限。

(二)形成期(1840—1867年)

1. "三期说"的提出。丹麦人汤姆森提出石器、铜器、铁器三期说，本来是为博物馆展陈，沃尔索把它用于田野发掘，使"三期说"成为史前考古学的基础。

2. 旧石器的发现和证实。丹麦的石器时代是新石器时代(因冰川关系，丹麦无旧石器遗存），旧石器文化的研究是从英、法开始。彼尔特发现和证实旧石器。卢伯克发明"旧石器"和"新石器"二词。拉尔泰把旧石器时代分为三期。莫尔蒂耶以发现地点为各期定名。

3. 埃及和西亚的考古工作。如马利埃特在埃及发掘，罗林森破译古埃兰文、古巴比伦文和波斯文，博塔和莱亚德发掘亚述遗址。

4. 希腊罗马的古典考古学。如埃尔金把巴台农神殿的石刻运回伦敦，菲奥雷利发掘庞培古城。

5. 国际考古学会议的召开。作者把1866年在瑞士召开的第一次"人类学和史前考古学国际会议"和1867年巴黎世界博览会当科学考古学形成的标志。

案 丹尼尔以1840年为考古学诞生的年代，1867年为考古学成熟的年代，这是此期的上下限。1840年也是第一次鸦片战争的年代，中国学者视为中国近代史的开端。

（三）成熟期（1867—1918年）

1. 类型学的发展和史前考古学的系统化。如步日耶把欧洲旧石器时代分为六期，布朗在旧石器时代和新石器时代之间分出"中石器时代"，继沃尔索之后，蒙特柳斯把类型学系统化。

2. 自然科学方法的应用和史前考古学的绝对年代。地质学家把欧洲地质年代分为四个冰期和三个间冰期，考古学家把旧石器文化与冰期、间冰期对应起来，德耶尔提出季候泥层分析法。

3. 考古发掘工作的科学化。如意大利考古学家发掘庞培，施里曼发掘特洛伊，皮特里发掘埃及。

4. 欧洲、北非、希腊和近东地区的重要新发现。如法国和西班牙的"洞穴艺术",皮特里理清埃及史前文化与历史文化的关系,施里曼和伊文思把希腊史从古典时代上推到"荷马时代",塞斯和赫罗兹尼发现赫梯和破译赫梯文字,德国人发掘巴比伦古城和阿苏尔古城。

5. 考古发掘工作扩展到新地区——美洲和东亚。如哈佛大学在洪都拉斯的科潘发掘玛雅文化遗址,乌勒在秘鲁的帕查卡马克发掘,欧美、日本在中国发掘。

案 1867年是丹尼尔说的考古学成熟之年,1918年是第一次世界大战结束的年代,这是此期的上下限。

(四)发展期(1918—1950年)

1. 理论方面的发展和提高。作者说,历史唯物主义使苏联考古学面貌一新,柴尔德也在一定程度上掌握了历史唯物主义的方法论。摩尔根和恩格斯提出一种新"三期说",但汤姆森的"三期说"也没有被抛弃。"文化"取代"时期",柴尔德是运用考古学"文化"概念的代表。

2. 调查发掘工作的更加科学化。作者说,田野发掘,惠勒代表最高水平;克劳福德对考古调查有新贡献。卡特发掘图坦哈蒙墓(或译"图坦卡蒙墓"),吴雷发掘乌尔王陵,水平超过以往。

3. 自然科学和技术科学的广泛应用,如航拍和孢粉分析等。

4. 考古学研究的世界化、自然科学和技术科学的世界化。

案 1918年是"十月革命"的第二年,第一次世界大战结束,随后中国爆发"五四运动",这是此期的上限。1950年是中国科学院考古研究所成立之年，这是此期的下限。丹尼尔的《考古学一百五十年》就是1950年出版(第一版)。

(五)继续发展期(1950年至今)

1. 理论方面的发展，作者有两段话很重要。一段是讲考古学"文化"的再认识，"对于前一时期盛行的考古学'文化'的概念，有的学者提出了疑问。考古学'文化'一词，是从民族学引进的，用以表示具有同一文化传统的共同体。但根据民族学的资料，同一部落或民族所用的物件，有时有着两种完全不同的类型(如现存爱斯基摩人在夏季营地和冬季营地所遗的两套不同的用品)。即使是一个定居的农业社会，随着年代的推移，所用器物的形貌也会发生变化，经过较长的时期，甚至会变得面目全非。至于考古学'文化'所代表的共同体究竟是一个民族，还是一个部落或部落联盟，那就更难以确定。这些问题的提出，虽还不足以否定考古学'文化'的重要性，但促使考古学家们在运用这一概念时要作周到、灵活的思考，避免简单化和绝对化"。还有一段是讲"新考古学"，"在60年代，美国兴起以L.R.宾福德为首的'新考古学派'，主张考古学应该是一门研究'文化过程'的科学，研究的目标在于探求'文化动力学'的规律。他们撰造一些别人难以懂得的术语，以阐述他们的范例和理论，提出他们的模式和规律。他们的主张虽然过于片面，似乎没有为学术界提供建设性的效益，但可以看作是对传统考古学流于烦琐的一种反抗，可以促人深思和反省。"

2. 自然科学和技术科学应用方面的发展。如放射性碳素测定法等。

3. 考古学研究范围在时间上和地域上的扩展。一是旧石器考古，东非大峡谷的发现使史前考古学的上限提高到距今250万年，中国发现蓝田人、元谋人；二是新石器考古，两河流域发现渔猎到农业过渡的遗址（耶莫和耶利哥的发掘），中国有磁山文化和裴李岗文化的发现；三是历史考古学受到高度重视，年代下限向下延伸；四是亚非拉独立运动使考古学的世界化程度进一步提高。

4. 中国考古学的兴盛。作者说，中国社会科学院考古研究所编写的《新中国的考古发现与研究》一书是系统总结。由于中国是旧大陆四大文明之一，历史考古学具有很大重要性。

案 此期是以新中国考古学的出现为上限，下限止于1985年（夏鼐卒于这一年）。"新考古学"正好在这一时段内。作者对"新考古学"并不欣赏，看法类似丹尼尔，但对"新考古学"修正"文化"概念和反抗烦琐哲学表示肯定。

布鲁斯·G. 特里格《考古学思想史》(第二版) (陈淳译，北京：中国人民大学出版社，2010年)

特里格（1937—2006年），或译崔格尔，或译炊格尔，加拿大麦吉尔大学教授。此书初版于1989年，夏鼐不及见。这是第二版。[1]

全书分十章，前有第二版序，后有文献笔记、参考文献、索引和译后记。译者是特里格的学生，翻译过很多考古学名著（如柴尔德的书）。

原书篇幅比较长（632页），侧重考古思想而不是考古发现。考古思想，侧重讲社会环境对考古理论的影响。这里把各章的叙述要点简单讲一下。

---

[1] Bruce G. Trigger, *A History of Archaeological Thought* (second edition), Cambridge: Cambridge University Press, 2006.

第一章：研究考古学史

作者说，考古理论分高、中、低三个层次。考古材料的研究属于低级通则，人类行为的研究属于中级通则，达尔文理论、文化生态学、文化唯物论、马克思主义、观念论属于高级通则。宾福德讲中程理论（middle-range theory），中程理论即属于中级理论（middle-level theory）。过程论和后过程论属于高级理论。

案 理论好像平地起楼，平地上打地基，楼分层次。从理论到实践，要经过层层转换，不可能从高层直通操作层面，反过来也一样。

第二章：古典及其他以文献为基础的考古学

讲文艺复兴时期的古物学，以及古典考古学和近东考古学。最后捎上中国、日本、印度的同类研究。

中国，史学发达，历史记载连续，文献资料丰富，但没有西方式的考古学，为什么？作者在"其他早期考古学家"节说，"虽然中国学者努力研究古物，但是他们对从事发掘深感反感。在中国，一直到20世纪，仍以为冒犯墓葬会遭死者的惩罚，而所有形式的发掘都被认为会潜在打搅地脉中超自然力量的影响（Creel 1937：27—29）"（62页）。

案 "中国为什么没有独自产生考古学"，类似所谓"李约瑟难题"。作者亦引顾立雅说，提供解释。看来这是西方流行的说法。

第三章：没有文献的古物学

讲北欧古物学，启蒙运动和浪漫主义对它的影响，以及新大陆的发现和北美考古学，由于缺乏文献，又无考古，古物学走进死胡同。

案 北欧古物学是史前考古学的前身。

第四章：史前考古学的兴起

讲史前考古源于两波浪潮：一波始于丹麦（1816年），以汤姆森三期说为标志，他所谓的石器还是新石器；一波始于英、法（1850年代），旧石器考古学由英国的卢伯克开始。前者是斯堪的纳维亚派，即北欧派，后者是西欧派。

案 史前考古学是从北欧兴起。北欧无古典艺术，无近东铭刻，只能研究史前遗迹。

第五章：进化考古学

以卢伯克为代表。讲进化论对考古学的影响，如何导致欧洲优越论、种族主义和直线进化观。

案 西方理论，经常轮回。如进化论热闹一阵儿，不时髦了，过一阵儿又冒出来，加个"新"字，叫"新进化论"。"新考古学""后过程论"是类似玩法。

第六章：文化—历史考古学

以柴尔德为代表。讲民族主义对考古学的影响。柴尔德的文化概念受科辛纳影响，传播论受蒙特柳斯影响。

作者提到,"伊恩·霍德(Hodder 1991b)注意到,欧洲考古学一直而且仍然主要以历史学为取向。大部分考古学家试图了解欧洲特定地区或整个大陆的历史和史前史。他们的初衷,就是要讲历史从所知的文献记载追溯到更加遥远的过去。他们的行事方式就是定义考古学文化,并试图用传播和迁移来解释它们的起源和变迁"(192页)。

西方考古学家对中国考古相对陌生,作者在"其他民族主义考古学"节对中国考古有简短评介。其中提到1949年以前安特生、步达生、李济等人的开创性工作,以及马克思主义史学家郭沫若,提到1949年以后,"国家文物局直接或通过省级和地区文物局管理着几千个省级和地方博物馆","在中国科学界的研究分工中,旧石器时代考古学与研究新石器和历史阶段的考古学分开,隶属于古脊椎动物与古人类研究所"(204页),并引罗泰说,谓中国考古"保持文化—历史学取向,而以民族主义为目的(Falkenhausen 1993)"(205页)。奇怪的是,作者没有提到夏鼐,只提到苏秉琦。作者说,"1980年代,由于邓小平领导下的政府发起的权力下放的结果,决策权逐渐成为省级考古单位的职责。考古学家为各自的省份建立文化—历史序列,并将这些序列与古代民族或族群相联系,这些族群大约在公元前第一千年融入中国,通过强调各省份在中国所发挥的特殊作用,考古学家设法争取新的资金来源。在国家层面上,自1980年代初起,苏秉琦(1909—1997年)提出了一种与马克思主义'社会进化法则'相一致的模式,视特定文化在中国不同地区肩并肩发展起来。这一模式要比老式的北方核心—周边模式更好地解释了区域文化差异的大量证据,以及整个中国在史前期和历史时期初社会和文化的日益复杂化。苏秉琦文化起源的多地区模式也符合中国考古学当下在一个较为广泛民族背景中的地区化趋势(Falkenhausen 1995,1999)。这些早期的地区分化很早就被西方考古学家（Meacham 1977）和在国外工作的中国考古学家（Chang 1986：234—294）所提及，但是他们的解释却被中国考古学家公开拒绝（W. Watson 1981：68—69）。在中国，民族团结仍然是一个至关重要的问题。苏秉琦的系统陈述在马克思主义与文化—历史学阐释倾向之间以及当代中国中央与各省利益之间构建了一个平衡"（205—206页）。

案 在美国考古学的主流话语中，"历史学取向""传播论和迁徙论"乃"过时"的标签，"民族主义"也极具负面含义。

西方考古学家对中国考古比较陌生，以往是通过郑德坤的著作，后来是通过张光直的著作了解中国考古。罗泰是张光直的学生，书中引用罗泰文，凡三篇，对中国考古有进一步介绍：

1.《中国考古的历史学取向》("On the historiographical orientation of Chinese archaeology," *Antiquity* 7：223-231）。

2.《中国考古的地方模式》("The regionalist paradigm in Chinese archaeology," in P.L.Kohl and C.Fawcett eds, *Nationalism, Politics, and the Practice of Archaeology*, Cambridge: Cambridge University Press, 1995, pp. 198-217）。

3.《苏秉琦 1909—1997》("Su Bingqi 1909-1997," in T. Murray eds, *Ency-clopedia of Archaeology: The Great Archaeologists*, Santa Barbara: ABC-CLIO, 1999, pp. 591-599）。

罗泰为 ABC-CLIO 版的《考古百科全书》写词条，不仅有苏秉琦条，还有夏鼐条。特里格只提苏秉琦，未及夏鼐。他指出，"改开"以来，苏秉琦是中国考古体制多元化的倡导者，触及中国考古体制的变化，很重要。

第七章：早期功能 — 过程考古学

功能 — 过程考古学是1960年代兴起，作为文化 — 历史考古学的对立面而出现。作者特辟此章，大有深意。他所谓"早期功能 — 过程考古学"是指1965年以前与功能 — 过程考古学类似的某些探讨，被他当作过程考古学的先声或过渡环节。

作者说，新潮流是以人类学和社会学方法的运用为特点，"随着越来越多的考古学家慢慢意识到，文化 — 历史考古学难以胜任了解史前文化如何运转和演变的工作，于是他们采取新方法，对人类行为系统进行人类学和社会学调查来研究史前史。这些途径从性质上一般被称为功能论（functionalism）和过程论（processualism）"（239页）。他强调，文化 — 历史考古学重外因（传播和迁徙），功能 — 过程考古学重内因（内部的"动力机制"）。

这一概念是个大杂烩，全章分为十个小节：

1."环境功能 — 过程论"，生态考古学和环境考古学是过程考古学所重。作者提到庞佩利的绿洲理论、约翰·迈尔斯（柴尔德的老师）的地理学、克劳福德（柴尔德的挚友）的航空考古，以及格拉厄姆·克拉克的生态考古等。

2."社会人类学"，讲马林诺夫斯基、布朗和涂尔干等人的功能主义。作者认为，功能和过程是相关概念。

3."经济学方法"，讲1935年以前的柴尔德。

4."苏联考古学"，作者指出，考古在苏联很受重视，考古队伍大，发掘范围广，博物馆多，出版物多。物质文化史研究院拥有全境所有考古机构的最终管辖权，考古研究与考古教学在苏联是分开的。考古学家被鼓励从社会内部发展解释考古记录中的文化变迁，反对传播论。

5．"马克思主义考古学家柴尔德"，讲1935年第一次访苏后的柴尔德。

6．"格拉厄姆·克拉克"，讲克拉克的《考古学与社会》(1939年)。

7．"美国的早期功能论"，讲功能主义对早期美国考古学的影响。

8．"掇合方法"，讲克莱德·克拉克洪、沃尔特·泰勒，亦属美国考古学。"掇合方法"，原文作the conjunctive approach，应是"缀合方法"之误。

9．"生态与聚落考古学"，讲朱利安·斯图尔特。

10．"世界考古学"，讲格拉厄姆·克拉克的《世界考古学》(1961年)。他利用碳素测年的最新数据重建世界史前史体系，对考古学的后续发展影响很大。

案 "物质文化史研究院"，通常译为"物质文化研究所"。

此章涉及人物很多，主要是过程考古学出现前的人物。他们当中，柴尔德和克拉克对后世影响最大，作者花费笔墨最多。柴尔德比克拉克年龄大(大15岁)，出名早(1920年代就出名，当上爱丁堡大学的讲座教授)，但克拉克一直活到1995年，后来居上。柴尔德是激进左翼和马克思主义者，与克拉克立场相左。克拉克持保守立场，比柴尔德更符合正统和主流。作者把柴尔德称为"早期功能—过程考古学"，有意把柴尔德过程考古学化，主要是因为他影响太大(包括对后过程考古学的影响)，躲不过，绕不开。他想把柴尔德重新纳入西方考古学的主流。

案 1920年代，柴尔德已出名。1927年，他在爱丁堡大学当讲席教授多年，克拉克还是学生，1935年克拉克才任剑桥大学讲师。

第八章：过程论与后过程论

过程论以美国的宾福德和英国的伦福儒为代表，后过程论以伊恩·霍德为代表。作者对两派各有批评，主张两派相济互补，不要互相拆台。

此章分五个小节：

1."新进化论"，讲莱斯利·怀特和朱利安·斯图尔特，以及萨林斯和塞维斯。新进化论强调原创而非传播。

2."早期新考古学"，讲宾福德的过程考古学。过程考古学并非统一的流派，一开始就充满分歧。

3."过程考古学的多元化"，讲过程考古学的各种流派，如弗兰纳利的系统论、科林·伦福儒和查尔斯·雷德曼的社会考古学，以及希弗的行为考古学、克拉克（大卫·克拉克）的分析考古学，还有科林·伦福儒的认知考古学。伦福儒和克拉克是英国考古学家。

4."后过程考古学"，讲伊恩·霍德。后过程考古学是1970年代出现。它与1968年后的后现代思潮和西方马克思主义（如法兰克福学派）有关。

5."欧洲大陆的其他方法"，讲欧洲大陆受过程论和后过程论影响的有关探讨。

案 "二战"后的美国，在各方面都是老大，取英国而代之，引领欧洲，引领全世界，考古学如此，很多方面都如此（如汉学）。过程考古学最初出现于美国，是美国特色的考古学。

"过程考古学"（processual archaeology）的"过程"是个以process（过程）加后缀-ual的形容词，这里指研究文化变迁过程的考古学，最初也叫"新考古学"，以区别于传统的文化—历史考古学。

过程考古学不满意文化—历史考古学，认为它过于看重考古研究的基础工作，调查、发掘、记录和描述，把精力过多投入器物的分型分式，以及考古文化的时空拼图，而未能从内部原因对人类行为和文化变迁提供合理的阐释。

"社会考古学"，作者以伦福儒和雷德曼为代表人物，但又说"克劳福德（O. G. S. Crawford）早在1921年就杜撰了'社会考古学'一词（Crawford 1921：100）"（322页）。伦福儒《考古学：关键概念》（陈胜前译，北京：中国人民大学出版社，2012年）的"社会考古学"条以弗林德斯·皮特里、戈登·柴尔德、格拉厄姆·克拉克、科林·伦福儒、伊恩·霍德为代表人物。

马克思主义以社会史理论见长，在西方被视为社会学理论的三大流派之一（另两派是韦伯和涂尔干）。克劳福德是马克思主义者，柴尔德也是。柴尔德是社会考古学的鼻祖。

第九章：实用的综述

此章是对考古阐释的各种流派进行综述。作者说，1990年以来，考古学理论日趋多样化、复杂化、个人化，派系林立，四分五裂、争斗不休，从未整合成统一的理论体系。除过程考古学和后过程考古学的争论依然故我，还有达尔文派的进化考古学，苏联解体后在俄罗斯和东欧复苏的文化—历史考古学和与马克思主义有关的社会考古学，等等。这些流派存在趋同。作者把"所有从考古材料推断行为或信仰的方法"，借用宾福德的术语，统称为"中程理论"，包括宾福德的中程理论、行为对应关系、历史学阐释、直接历史方法、结构主义方法、直觉方法等。最后，作者还对"高级理论"的适用性有所讨论。他说，"迄今为止，还没有被普遍接受的单一高级理论指导着考古学家或任何其他社会科学家的工作。相反，他们信奉一批理论，取向从极端的唯物论跨越到极端的观念论"(391页)。

案 西方的考古理论纷乱如麻，很多都是试探性的假说，越是互相抬杠，越是存在互补。译本所谓"观念论"即"唯心论"。

第十章：考古学的恰当性

讲如何拿捏分寸，让考古学阐释恰如其分。第一，作者关注的是，各种理论，此亦一是非，彼亦一是非，似是而非，漫无是非，考古学家该如何应对相对主义的挑战。第二，作者关注的是，各种理论，你中有我、我中有你，一会儿被人遗忘，一会儿被人重拾，有如时尚轮回，考古学家该如何从整体上把握考古学的发展趋势。第三，强调考古学与其他社会科学的关系，还是与人类学最近。第四，考古阐释受各种偏见影响，考古学家该如何应对主观性。

案 这是全书结论。作者说，古典考古学家和近东考古学家多以人文学者自居，史前考古学家则与历史学和人类学关系更密切。欧洲，史前学家倾向考古独立，或归历史系；北美，则归人类学系。1920年代以来，由于美国史前考古学在体制上被划归人类学系，理论建树持续不断。法国马克思主义人类学影响了英国的后过程考古学，剑桥大学的考古学家因此有大贡献。作者认为，考古学与其他社会科学的关系，还是与人类学最近。

文献笔记

这是写作各章利用的资料。

其中提到研究柴尔德的各种参考书。419页提到传记类的书五本。430页提到一批有关参考书。

译者后记

对特里格有介绍。其中提到"国内某出版社所出的第一版《考古学思想史》中译本（版权页上误写为第2版）",[1]以及张光直推荐出版的特里格的另一部作品《时间与传统》。[2]陈淳对这两个中译本都不满意，所以重新翻译。[3]

杨建华《外国考古学史》(长春：吉林大学出版社，初版1995年8月，第二版1999年12月)

作者所谓"外国考古学"，西方多称"世界考古学"，而且所谓"世界考古学"，其实是欧洲考古学和美国考古学。欧美是观察主体，世界是观察对象。考古学是西方人探索发现世界的学问，他们认为，考古学史理所当然是欧美人眼中的一种历史。

中国一直缺乏中国人写的世界考古学史。此书是作者在吉林大学讲授世界考古学史的讲义，前有科林·伦福儒为本书写的序言（1994年）和作者的初版前言（1995年）、第二版前言（1999年），全书分五章，对考古学的最新发展（止于1989年）有介绍。

(一)初版前言

作者说，"考古学的形成至今已有170多年的考古学史"，这方面的代表作是格林·丹尼尔的《考古学一百五十年》《考古学简史》和戈

---

[1] 布鲁斯·崔格尔《考古学思想史》，徐坚译，长沙：岳麓书社，2008年。
[2] 布鲁斯·炊格尔《时间与传统》，蒋祖棣、刘英译，北京：生活·读书·新知三联书店，1991年。
[3] 布鲁斯·G.特里格《时间与传统》，陈淳译，北京：中国人民大学出版社，2011年。

登·威利与杰米利·A.萨布罗夫合著的《美洲考古学史》。她在吉林大学开这门课程，从开讲到讲义写成，前后有十年。

案 此书是从文艺复兴和古物学的形成讲起，但不算考古学的开端。考古学的开端是从汤姆森"三期说"流行讲起。作者所谓"170多年的考古学史"似乎是从1819年丹麦国家博物馆按汤姆森"三期说"展陈算起。此书第一版是1995年问世，距1819年共176年。丹尼尔书和威利、萨布罗夫书可能是主要参考书。特里格的《考古学思想史》未及引用，书中引用只有特里格的《时间与传统》（蒋祖棣译本）。

全书比较薄，重心在第五章。前四章都是短章，脚注很少，第一章无，第二章四条，第三章两条，第四章一条，只有第五章较长，脚注也比较多。

（二）第二版前言

作者在第二版前言中提到张忠培的"六件大事"说。所谓"六件大事"：

1. 1921年，安特生主持仰韶村发掘（田野发掘）。

2. 1931年，梁思永揭示的后岗三叠层（层位学）。

3. 1948年，苏秉琦发表的《瓦鬲的研究》（类型学）。

4. 1959年，夏鼐发表《关于考古学上文化的定名问题》（考古学文化）。

5. 1975年，苏秉琦《关于考古学文化的区系类型问题》学术演讲（各地区的考古学文化时空框架）。

6. 1985年，苏秉琦发表《辽西古文化古城古国——试论当前考古工作重点和大课题》（考古学文化结构和发展过程的研究）。

这是张忠培对中国考古学史的概括总结。作者认为，欧美的考古学

史也有"六件大事":

1. 18—19世纪的英国人威廉·坎宁顿对索尔茨伯里(多译索尔兹伯里)平原的发掘和美国人托马斯·杰弗逊对弗吉尼亚土丘的发掘(田野发掘)。

2. 19世纪40年代丹麦人沃尔赛对丹麦的史前墓葬和泥炭泥沼层的小规模地层发掘至19世纪下半叶施里曼在希沙立克的大规模地层发掘(层位学)。

3. 1903年瑞典人蒙特柳斯的《东方和欧洲的古代文化诸时期》(后日本人译为《先史考古学方法论》)提出了系统的考古类型学(类型学)。

4. 1924—1925年麦克迪在《人类的起源》中提出了考古学文化的概念,柴尔德在《欧洲文明的曙光》中普及了这一概念(考古学文化)。

5. 20世纪二三十年代美国考古学家基德尔在美国西南部建立了第一个地区考古学文化序列(各地区的考古学文化时空框架)。

6. 考古学发展的三个新阶段:

(1) 美国考古学家克拉孔(或译克拉克洪)在1940年发表的《中美洲研究的概念结构》和1948年泰勒发表的《一个考古学研究》,批评了以年代学为唯一目标的考古学,提出了要通过对遗存功能的研究进入到古代人类行为和考古学文化结构、社会组织的研究。出现了聚落考古学和生态考古等方法。

(2) 1962年宾弗(多译宾福德)的"作为人类学的考古学"提出了新考古学派。

(3) 1984年英国考古学家伦福儒编辑的《社会考古学研究》标志着新学派如社会考古学、认知考古学、新马克思主义考古学、反过程考古学等等的兴起。

案 张忠培的"六件大事",三件与苏秉琦有关,一件与夏鼐有关。请比较俞伟超的不同评价。他的总结是,"中国的田野考古学,总奠基人是李济,地层学是梁思永,发掘方法是石璋如,而类型学当推苏公"(详中篇第五章),其中没有夏鼐。

作者以世界考古的"六件大事"与张说做平行比较,认为前五件大体相近,唯第六件代表新趋势。

(三)全书分五章

第一章:考古学萌芽期(文艺复兴—19世纪40年代)

第二章:考古学的形成与发展

第三章:考古学的成熟(1919—20世纪40年代)

第四章:考古学转变期(20世纪40—60年代)

第五章:考古学发展新时期(20世纪60—80年代)

前四章,每章二分,一半讲欧洲考古学,一半讲美洲考古学。第五章也二分,一半讲新考古学,一半讲后新考古学。

案 "考古学萌芽期"讲古物学,上限文艺复兴,下限1840年代。作者所谓的"第一件大事"属于这一时期。

"考古学的形成与发展"讲早期考古学,章题未标时间范围,其实是1840年代—1919年。"考古学的形成",丹尼尔有两个年代,一个是1840年(《考古学一百年》),一个是1819年(《考古学一百五十年》的大事年表)。后者是从丹麦国家博物馆按汤姆森"三期说"展陈开放的年代。此取前说。作者所谓的"第二件大事"和"第三件大事"属于这一时期。

"考古学的成熟",上限1919年,下限1940年代。1919年是"一战"

结束的第二年。1940年代是"二战"开始的第二年。"二战"结束前，英国考古学代表世界考古学的主流。作者所谓的"第四件大事"和"第五件大事"属于这一时期。

"考古学转变期"，上限1940年代，下限1960年代。"二战"后是美国考古学取代英国考古学的时代。作者所谓"第六件大事"的第一阶段属于这一时期。

"考古学发展新时期"，上限1960年代，下限1980年代。这是新考古学和后新考古学的时代。作者所谓"第六件大事"的第二、第三阶段属于这一时期。

小　结

世界考古学史与资本主义史密不可分。资本主义是以西方为中心向全球扩张的历史，前四百年是殖民主义史，后一百年是帝国主义史。没有资本主义的全球扩张就没有世界考古。

考古学史只有一个，但各家有各家的写法。[1]

丹尼尔的书是从19世纪写起，1800—1840年算古物学，1840—1970年算考古学。1840年是一道线。但他的书，书后有个大事年表。年表以1819年为始，1973年为终。1819年是丹麦国家博物馆正式开馆的年头，至今已二百多年。汤姆森"三期说"是古物学的顶峰，考古学是在"三期说"的基础上发展起来，这个年头很重要。

保罗·巴恩的书是从1500年写起，上延三百年，与资本主义史

---

[1] 如威利和萨布罗夫的四段说、克里斯坦森的四段说、伦福儒的三段说。参看俞伟超在《考古学思潮的变化》(见他的《考古学是什么：俞伟超考古学理论文选》，154—163页)一文中的介绍。各家说法，大同小异，不具引。

看齐，这是对的。没有资本主义，就没有考古学。但他关注的是后一半。他把1760—1860年算古物学，1860年以后算考古学。这是以进化论革命划线。达尔文《物种起源》是1859年问世，1860年是凑个整数。1860—1960年的考古学是旧，1960年以后的考古学是新、后新或新新。

夏鼐《简史》是从1500年写起，同保罗·巴恩，以1840年作考古学起点同丹尼尔。特里格的书，主要讲近二百年。

世界考古，最初由三部分组成：古典考古、史前考古、近东考古。

古典考古是南欧考古。它与古典学和艺术史研究（即所谓美术考古）有不解之缘。

史前考古是北欧、西欧的考古。它与地质学、生物学、古动物学和古人类学有不解之缘。

近东考古是西亚、北非的考古，欧洲老邻居的考古。它与《圣经》学和铭刻学有不解之缘。

这类欧洲特色的考古后来向全球扩展，扩展到南亚、中亚、东亚、东北亚、东南亚，以及非洲、大洋洲、美洲，才有所谓"世界考古"。殖民地考古多为人类学考古。

中国考古，从地理角度看，可以分为六大块。黄河流域，上游、中游、下游三大块；长江流域，上游、中游、下游三大块，一共六大块。

世界考古，从地理角度看，也可以分六大块。北半球，欧一块（包括西亚、北非），亚一块，北美一块；南半球，非（撒哈拉沙漠以南的非洲）一块，澳一块，南美一块。

20世纪60年代以前是欧洲文化—历史考古学的天下，60年代以来是过程考古学和后过程考古学的天下。前者以田野考古、地层学、类型学为手段，以考古文化谱系为目标。后者以人类学、科技考古和各种后现代理论为手段，以"透物见人"，复原和阐释考古发现背后的人类生活（或曰考古文化的过程和动力）为目标。

丹尼尔的书是经典，叙述比较简洁也比较客观。保罗·巴恩的书重在发现，有些章节受西方"政治正确性"影响，带有偏见。特里格的书重在理论，思想脉络清晰，持论比较公允。

夏鼐的《简史》不太一样，有中国特点。作者对苏联考古学并非一笔抹杀，对西方考古学并非全盘接受。中国考古，发掘方法和操作规范是惠勒那一套，夏鼐非常欣赏；西方的科技方法，他也很重视。这些是"器"，不是"道"。他尊的"道"是马克思主义的"道"。恩格斯对摩尔根评价甚高，他也评价甚高。他认为，摩尔根的"三期说"把物质文化的分期与人类社会生活的分期结合在一起，比汤姆森的"三期说"更能"透物见人"。柴尔德受马克思主义影响，对20世纪上半叶影响巨大，他把"考古文化"的概念发挥到极致。夏鼐时代的中国考古，从大方向上讲，基本属于这类考古。虽然20世纪下半叶，西方对这类考古颇多批评，但《简史》却有所保留，并不认为完全过时、一无是处。相反，对1960年代以来流行的过程考古学和后过程考古学，他反而评价不高。

杨建华对欧美考古学的发展，特别是过程考古学和后过程考古学发展有她自己的分析和介绍。

义方彝，山西青铜博物馆（任超摄）

VI

中国考古学史

卫聚贤《中国考古小史·中国考古学史》（太原：三晋出版社，2017年）

卫聚贤（1899—1989年），山西万泉县北吴村人。[1]他是清华国学研究院毕业，参加过不少考古活动，[2]如1929年，发掘南京明故宫遗址；1930年，发掘南京甘夏镇六朝墓；同年，回山西老家，发掘万泉县阎子疙瘩汉代遗址和荆村瓦渣斜新石器遗址；1934年，参加南京、丹徒六朝陵墓调查；1935年，探访江苏武进淹城和金山戚家墩遗址；1936年，发现苏州磨盘山吴城和黄壁山越城；1937年，施昕更、何天行发现杭州古荡、余杭良渚和湖州钱山漾等新石器遗址，这些遗址经他介绍才广为人知；1941年，他与于右任结伴，赴西北考察，发掘过兰州曹家嘴遗址；1974年，为了验证"中国人发现美洲"，他以76岁高龄，驾自制木船，从香港出发，横渡太平洋。此外，1936年，他参加过中国古泉学会和吴越史地研究会的成立；1937年，他参加过上海博物馆的成立；1940年，他还参加过巴蜀史地研究会的成立。此公自号"鲁智深""卫大法师"，好发奇谈怪论，被很多人视为怪人。但公允地说，他对中国考古还是有贡献。这两本书是中国最早的考古学史，三晋版印在一起，今天仍有史料价值。

夏鼐纪念郭沫若，曾提到卫聚贤。他说，这位"卫大法师"名气很大，是"当时文化界中一个怪人和妙人"，"法师承认李济是他的老师，而李济却不承认这位高足。他说：法师虽是他的学生，但不算是门生弟子，因为治学方法完全不是一条路子"，[3]对他评价不高，但1953年1—6月，夏鼐在北大讲考古，第五讲讲中国考古学史，还是把卫聚贤的《中

---

[1] 1954年，万泉县与荣河县合并，改称万荣县。
[2] 参看董大中《卫聚贤传》，太原：三晋出版社，2017年。
[3] 夏鼐《郭沫若同志和田野考古学》。参看《夏鼐文集》，第四册，197—202页。

国考古小史》列为三部参考书之一。[1]

张光直说,"卫聚贤先生是我的大师兄,他一生以出怪论为著,我一生所最钦佩的读书最多的人就是他,有两部中国考古学史为证"。[2]

陈星灿说,"这两本著作虽然罗列多分析少,水平不高,但正像李济在《中国考古小史》序言中写的那样,'使读者一阅而知中国考古学的重要事实',开创之功,实不可没"。[3]

(一)《中国考古小史》(初版为上海商务印书馆1933年《新中学文库》本)

这是一本小书,正文分四章,前有李济序、作者附白和作者自序,后有附录。

李济序,很短。序云,现代考古学是以旧学为铺垫,新学为机缘,应运而生。旧学是宋代金石学、清代小学和甲骨文的发现,新学是田野考古资料和自然科学的影响。卫聚贤搜集这两方面的有关材料,"使读者一阅而知中国考古学的重要事实,是很值得我们感谢的。因为之序"。李济是作者在清华国学院的老师。

作者附白,谓此书是他为持志学院讲授考古学的讲义,他在商务印书馆出过五种书,皆毁于"一·二八"事变日本对上海的轰炸,此稿未及付印,幸免于难。

作者在自序中说,"整理历史的方法"分三个步骤:一是"书籍的整理";二是"考古的工作";三是"蛮族情形的探索"。第一步是文献研究,第二步是考古研究,第三步是民族学和人类学的研究。他把中国考古分为四期,称春秋战国为"宝贵期"(以古物为宝物),汉唐为"祥瑞

---

[1] 夏鼐《考古学通论讲义(之一)》。参看《夏鼐文集》,第一册,84页。
[2] 陈星灿《中国史前考古学史研究(1895—1949)》,张光直序,2页。
[3] 陈星灿《中国史前考古学史研究(1895—1949)》,17页。

期"（以古物为祥瑞），宋至近代为"研究期"（以古物为考证之资，金石学因此而兴），"现在"为"发掘期"（以田野发掘为主）。

他说，"前人研究古物，可说是一种'金石学'或'古器物学'。现代的考古，即西人所谓'锄头考古学'（Archaeologie des Spatens），注重在发掘"。这个词，后来很流行。如李光谟就是用"锄头考古学家"称呼他父亲。[1]

案 卫聚贤所用"锄头考古学"一词，他说相当德文 Archaeologie des Spatens，其实应译"铲子考古学"。吴雷（Leonard Woolley，1880—1960年）有一本书，题目作 *Spadework: Adventure in Archaeology*，夏鼐就译为《锄头工作——考古工作中的遭遇》。[2] 我曾请教罗泰教授，德语和英语到底怎么表达这一概念，他在回信中说，"德语 Archäologie des Spatens 和英语 archaeology of the spade 都是怪怪的表达，容易让人误以为是有关农具的考古学研究。Woolley 的 *Spadework: Adventures in Archaeology*（1953）是他的一个回忆录。Spadework 这个词现在不太用，原义当指"考古发掘技术"。德语有 Spatenarchäologie 一词，近亦不太常见。现代考古发展的早期，文献学家或以此表示他们的学问跟田野考古有别，其反义词是 Schreibtischgelehrsamkeit，意思是'书呆子的学问'。这两个词都有讽刺意味，但有些干 Spatenarchäologie 的人还以此自我标榜"（2020年3月22日电邮）。

---

[1] 李光谟《锄头考古学家的足迹——李济治学生涯琐记》，北京：中国人民大学出版社，1996年。
[2] 夏鼐《英国著名考古学家吴理逝世》，收入《夏鼐文集》，第四册，277页。

第一章：前人对于考古史的论文。包括三篇文章：阮元《商周铜器论》，录自《积古斋钟鼎彝器款识序》；梁启超《中国考古学之过去及将来》，录自《重华月刊》第一期(1931年5月)；王国维《最近二三十年中中国新发见之学问》，录自《学衡》45期，注文略加删改。

案 目中的梁启超、王国维也是作者在清华国学院的老师。

第二章：古生物。为葛利普(A. W. Grabau，1870—1946年)《中国之古生物学》，张鸣韶译自《科学》第15卷第8期。

案 葛氏葬于今北京大学西门内。

第三章：近代的发掘。涉及16起考古事件。
(甲) 石器时代遗址
1. 周口店：1927—1931年地质调查所(步林、杨钟健、裴文中)发掘。
2. 仰韶：1921年地质调查所(安特生、师丹斯基、刘长山、袁复礼)发掘。
3. 沙锅屯：1921年地质调查所(安特生、白万玉)发掘。
4. 甘肃(贵德、导河、宁定、镇番等县，以及青海湖沿岸)：1923年地质调查所(安特生、白万玉)发掘。
5. 西阴村：1926年清华大学国学研究院(李济、袁复礼)发掘。
6. 甘夏镇(在南京栖霞山西北)：1930年南京古物保存所(卫聚贤、张凤、王庸)发掘。

7. 荆村(山西万泉县荆村瓦渣斜)：1931年北平女子师范学院、山西公立图书馆，弗利尔美术馆(卫聚贤代表中方，董光忠代表美方)发掘。

8. 城子崖：1930年中研院史语所考古组与山东省政府合组山东古迹研究会(李济、董作宾、梁思永、吴金鼎)发掘。

(乙)殷周遗址

1. 殷墟：中研院史语所考古组发掘。第一次(1928年)：董作宾；第二、第三次(1929年)：李济、董作宾；第四次(1931年)：李济、梁思永、董作宾；第五次(1931年)：董作宾、梁思永；第六次(1932年)：李济、董作宾。附浚县发掘(1932—1933年)：郭宝钧。

2. 燕都(燕下都)：1930年北京大学、北平研究院、古物保存委员会合组燕下都考古团(马衡、庄尚严、傅振伦、常惠)发掘。

(丙)汉以后遗址

1. 新甘(甘肃、宁夏、新疆)：1927—1933年中瑞西北科学考察团(徐炳昶为中方团长，斯文·赫定为瑞方团长，黄文弼负责考古)发掘。

2. 汉汾阴后土祠(万泉北吴村阎子疙瘩的汉代遗址)：1930年山西公立图书馆(卫聚贤、聂光甫、董光忠)发掘。

3. 晋冢(广州大刀山东晋太宁二年墓)：1931—1932年黄花考古学院(胡肇椿、谢英伯)发掘。

4. 六朝墓(在南京)：1930年南京古物保存所(卫聚贤、王庸、张凤、刘福泰)发掘。

5. 宋巨鹿城：1921年北平历史博物馆(裘善元)发掘。[1]

6. 明故宫(南京明故宫)：1929年南京古物保存所(卫聚贤)发掘。

---

[1] "巨鹿"本作"钜鹿"。——编者注

案 中国最早的考古发掘，如挖周口店、仰韶、沙锅屯和甘青等史前遗址，都能看到安特生的身影，但这些发掘都是合作发掘，也有中国人参加。

1921年北平历史博物馆发掘宋巨鹿城，据说是中国最早的考古发掘。

1993年8月8日俞伟超接受曹兵武、戴向明采访，曾提到这一发掘。俞伟超说，"第一次考古发掘实际上比安特生的仰韶村发掘要早，是由国立历史博物馆搞的，主持人是金石学家，挖的是钜鹿宋故城，时间在1921年的7月；1923年历史博物馆还发掘了信阳汉墓，当时是东西挖出来就成了，没有墓葬平面图，报告发表在《国立历史博物馆丛刊》第二号上，这可以说是土法上马"。[1]

2012年，中国国家博物馆百年纪念，王宏钧接受李万万采访，也提到这一发掘。王宏钧说："值得一提的是，1921年河北巨鹿县发现宋代故城遗址，历史博物馆由主任裘善元协同顾问毕士博等人去清理发掘，发掘出的文物都藏在了博物馆。1924年，信阳长台关又发现一个汉墓，经过发掘清理，也得到一些文物充实了馆藏。这两次发掘清理与今日考古学的科学规范当然相距很远，但在当时历史条件下，应该说是中国科学考古工作的先驱。"[2]

第四章：外人在中国考古的成绩及纠纷。提到西人来华考古者18人。

1. 法国：李桑（Père Licent，即桑志华）、伯希和（Paul Pelliot）、沙畹（Émmanuel-Édouard Chavannes）、色伽兰（Victor Segalen，即谢阁兰）。

---

[1] 俞伟超《考古学是什么：俞伟超考古学理论文选》，224页。
[2] 李万万《百年国博的回顾与展望——王宏钧先生访谈》，《中国国家博物馆馆刊》2012年1期，141—148页。

2．德国：格路维德（Albert Grünwedel，即格伦威德尔）、勒可克（Albert von Le Coq，即勒柯克）。

3．俄国：鄂本笃（Benedict Goës）、柯智录夫（P. K. Kozloff，即科兹洛夫）。

4．日本：大谷光瑞、鸟居龙藏、滨田耕作、八木奘三郎、原田淑人。

5．瑞典：斯文·赫定（Sven Hedin）。

6．英国：斯坦因（Marc Aurel Stein）。

7．美国：毕士博（Carl Whiting Bishop）。

并述及两起外国人来华考察引起的纠纷：一件是1931年"一九考察团"去新疆考察途中法国人卜安（Briand）殴辱郝景盛引起的纠纷；一件是1928年美国人安竹思（Roy Chapman Andrews）到内蒙古采集恐龙蛋在张家口被扣事件。

附录：古物保存法令。包括《古物保存法》（1930年）和《古物保存法施行细则》（1931年）。附录后有胡肇春跋和张凤校语。

案 Père是法语"神父"。桑志华（Paul Émile Licent，1876—1952年）神父是法国耶稣会传教士、博物学家，天津北疆博物院（Musée Hoangho Paiho）的创办人。1923年与德日进（Pierre Teilhard de Chardin，1881—1955年）组成"法国古生物考察团"，发掘内蒙古萨拉乌苏、宁夏水洞沟等遗址。德日进也是法国耶稣会传教士。

（二）《中国考古学史》(初版为上海商务印书馆1937年"中华文化史丛书"本)
这也是一本小书。正文分五章，前有绪论，后有附录。

此书与前书不同。前书"略古而详今"，重点讲"发掘期"，此书主要讲"宝贵期""祥瑞期""研究期"。

绪论讲考古的概念，考古与玩古有什么不同。作者把考古流程分为五个步骤：调查、发掘、整理、报告、陈列。

第一章、第二章讲东周到唐的考古，前者讲事，后者讲人。

第三章讲宋元明时期的考古，主体是金石学。

第四章讲清到1936年的考古，清末有外国人来考古，中国人学外国，建立自己的考古学。

第五章为余论，讲文物的毁坏和伪造，讲考古新发现、文物保护和博物馆。

附录一：各地发现古物志。这是个剪报集，记1931—1935年的各地发现，多系偶然发现，也包括殷墟发掘一类比较正规的考古活动，以及他本人参加过的一些活动，内容比较芜杂。

附录二：古物保管法令。除前书所列《古物保存法》(1930年6月7日)、《古物保存法施行细则》(1931年7月3日)，还收入《中央古物保管委员会组织条例》(1932年6月18日)、《中央古物保管委员会办事规则》(1935年11月)、《中央古物保管委员会会议规则》(1934年11月)、《中央古物保管委员会各地办事处暂行组织通则》(1935年2月)、《中央古物保管委员会各地办事处细则》(1935年2月)、《采掘古物规则》(1935年3月16日)、《外国学术团体或私人参加采掘古物规则》(1935年3月16日)、《古物出国护照规则》(1936年3月16日，附《古物出口前应先呈中央鉴定办法》)。

案 民国时期有文物法令，对文物保护、考古发掘和文物出口均有规定，但执行不力，文物盗掘和文物走私很严重。这些法令可与下谢辰生回忆录提到的新中国的文物法令做比较。

阎文儒《中国考古学史》(桂林：广西师范大学出版社，2004年)

阎文儒（1912—1994年），辽宁义县人，向达弟子，北京大学的考古学家。此书是他的讲稿。

全书分七章，前有绪论，后有跋，篇幅不大，只是一本小书，体例略同前者。

绪论说，"根据实物资料来研究人类历史的科学，就是考古学"。这种"考古学"，概念也很宽泛。

正文七章，前五章也是从孔子讲起，一直讲到清。第一章讲两汉以前、两汉和魏晋，第二章讲南北朝、隋唐，第三章讲宋，第四章讲元明，第五章讲清，同样属于上文所谓的"考古前史"。

第五章，最后两节讲清末，这才渐入正题。第七节"清末考古学的三大发现"，[1] "三大发现"是甲骨文字、流沙坠简和敦煌莫高窟古本写经，这三项，甲骨文是中国人发现，但外国人也染指，其他两项是外国人发现。第八节"清末外国学者在中国的考古"，既包括中国的四大边疆，也包括内地。

第六章：20世纪上半叶非中国正式考古机关的考古工作。先讲"罗王之学"和有关金石学研究的出版，后讲各国来华考古和中外联合考古。

案 "罗王之学"是清代金石学和西域南海史地研究的延续，它是在"五大发现"的基础上发展起来，并借"五大发现"，与国际汉学接轨，别开生面，但还不是真正的考古学，真正的考古学是从国外引入。

---

[1] 王国维是讲"五大发现"，除此之外，还有"内阁大库之书籍档案"和"中国境内之古外族之遗文"。见他的《最近二三十年中中国新发见之学问》。参看《王国维遗书》，上海：上海古籍书店，1983年，第五册，《静庵文集续编》，65页正—69页背。

第七章：20世纪上半叶中国考古机关的考古工作。

1. 北京历史博物馆：河北巨鹿的调查发掘（1921年），河南信阳的考古活动（1924年）。

2. 北京大学、北平研究院、古物保管委员会联合考古团：易县燕下都的调查和发掘（1930年）。

3. 地质调查所新生代研究室：北京周口店遗址的发掘（1918—1936年）。

4. 中研院史语所：安阳殷墟的发掘（1928—1937年），浚县辛村的发掘（1932—1933年），浚县大赉店的发掘（1932年），辉县琉璃阁的发掘（1937年），济南城子崖的发掘（1930—1931年），黑龙江昂昂溪与热河林西、赤峰新石器时代遗址的调查与发掘（1930年），安徽寿县石器时代遗址和楚墓的调查（1934年）。

5. 中央博物馆：云南苍洱境内的考古发掘（1939—1940年）。

6. 史语所西北考察团：河西考古（1942—1943年）。

7. 北京大学历史语言研究所、中央博物院西北考察团历史考古组：河西考古。

此外，还有吴金鼎对彭山汉墓和成都王建墓的发掘。

案　　此书也提到宋巨鹿城的发掘。

徐苹芳《考古学简史》(收入徐苹芳《考古剩语》，上海：上海古籍出版社，2019年，171—181页)

此文原载中国科学院考古研究所编《考古学基础》（北京：科学出版社，1958年），是当时培训考古工作人员的教材。

全文分六节，只是个提纲：

一、宋以前的考古发现和考古学。以汲冢竹书和《水经注》对名胜古迹的记录为例。

二、宋代的考古学。讲宋代金石学。

三、元明两代的考古学。讲元明金石学。

四、清代的考古学。讲清代金石学。

五、近代的考古学（上）。讲19世纪末20世纪初的三大发现（殷墟甲骨文、汉晋简牍、敦煌文物）和外国人来华考古。

六、近代的考古学（下）。讲辛亥革命后、1949年前的考古机构和考古工作。

此外，《考古剩语》中还有一组文章，可以视为此文的续篇。如《隋唐五代两宋辽金元明考古》（1961年）、《宋辽金元明时代考古》（1999年）、《中国考古学展望》（1992年）、《新中国考古学的回顾》（1989年）、《20世纪末的中国考古发现》（2002年）、《21世纪初中国考古新发现》（2005年）。

案 以上各家的考古学史都是大考古学史，时间远超五百年。徐书更直接把中国历史上对出土文物的研究一律称为考古学。

考古所的前辈，读书多，文献功底深，除夏鼐、陈梦家，当属陈公柔、徐苹芳，还有王世民、杨泓。

陈公柔，1950—1957年从事田野发掘，后在图书资料室工作，古文字、古文献的功底比较深。

徐苹芳，1958—1963年与陈公柔合作整理汉简，1964—1974年参加元大都考古队的调查与发掘。他对宋以来的考古最熟，对宋以来的文献也最熟，特别是与北京有关的材料。

王世民是图书资料室负责人。他的两个主要研究方向，一个是青铜器，一个是考古学史，特别是夏鼐研究。

杨泓在编辑室，天天接触最新的考古发现，对考古材料也非常熟。

他们都有较多时间读书，当然书本知识比较多。

王世民《中国大百科全书》考古学卷："中国考古学简史"条(北京：中国大百科全书出版社，1986年，689—691页)

《中国大百科全书·考古学卷》中与考古学史有关的词条分属"中国考古学简史"和"外国考古学简史"。"中国考古学简史"有39个中国学者的小传，前14人是金石学家，后25人是考古学家和古文字学家，前面有王世民写的长条"中国考古学简史"。"外国考古学简史"只有49个外国学者的小传，没有这种长条。原因是前言"考古学简史"主要就是"外国考古学简史"，已经讲过的东西没必要再讲。

"中国考古学简史"条，作者说，"中国作为世界上文明发达较早的国家之一，很早就有学者注意进行古代遗迹的考察和古代遗物的研究"，提到北宋到清代的金石学，但重点是讲19世纪末20世纪初以来，不包括上述二书的"考古前史"。它分三部分：

(一) 近代考古学的传入

19世纪末20世纪初有"五大发现"。作者说，甲骨文和敦煌文书这

《中国大百科全书》考古学卷和文物-博物馆卷

两项惊人发现是"中国考古学诞生的前兆",但近代考古学是从西方传入。他列举了一批早期来华进行考古活动的外国人,其中最早是日本人和俄国人,一是鸟居龙藏的旅顺调查(1895年),二是克列缅茨的吐鲁番发掘(1898年)。但最重要的人物是安特生。1921年安特生对周口店和仰韶的发掘,1924年安特生对甘青史前遗址的发掘,对中国史前考古影响最大。中国方面,有三件大事:一是1922年北京大学研究所国学门成立考古学研究室;二是1926年李济代表清华大学,由弗利尔美术馆赞助,发掘夏县西阴村;三是1927年徐炳昶(旭生)、黄文弼代表北京大学,与斯文·赫定合组中瑞西北考察团,进行西北考察。

案 　王国维讲"五大发现","五大发现"是:(1)殷墟甲骨文字;(2)敦煌塞上及西域各地之简牍;(3)敦煌千佛洞之六朝唐人所书卷轴;(4)内阁大库之书籍档案;(5)中国境内之古外族之遗文。[1] 通常所谓的"三大发现"是去最后两项不数。这里只讲"两大发现",算是"中国考古学诞生的前兆"。近代考古学传入的标志性事件是1921年的安特生发掘。此期相当1921—1927年。

(二)中国考古学的诞生和初步发展

此期相当1927—1949年。这一时期的标志性事件有五:一是1927年中国地质调查所与北京协和医学院合作的周口店发掘;二是1928年中研院史语所成立后的殷墟等发掘;三是1930年以来北平研究院和其他单位的考古工作;四是北京大学考古学会退出东方考古学会之后,日本学

---

[1] 王国维《最近二三十年中中国新发见之学问》,收入《王国维遗书》,第五册,《静庵文集续编》,65页正—69页背。

者在东北和华北的活动；五是抗日战争和解放战争时期的考古工作。

> **案** 今中国科学院古脊椎动物与古人类研究所的前身是前中国农矿部地质调查所新生代研究室。这个研究室是1929年成立。今中国社会科学院考古研究所的前身是1928年成立的前中央研究院历史语言研究所和1929年成立的前北平研究院史学所。

(三) 中国考古学的进一步发展

讲1949年以来的考古成就。一是考古队伍的迅速成长；二是田野考古工作的扩大和发掘水平的提高；三是现代自然科学方法的广泛采用；四是中国考古学体系的逐步建立；五是考古书刊的编辑出版。这五条，头一条最重要。作者提到，新中国成立初期文物局负责文物保护，中科院考古所负责考古研究，地方文物管理委员会负责地方文物保护和随工清理。考古所与文物局有明确分工。作者强调，"国家又明确规定，任何单位必须具备田野考古条件，经中央文化部会同中国科学院审查批准后，始得进行发掘工作。这样，便建立了文物保护和考古发掘的工作体制，为新中国考古事业的发展作好了准备"。

> **案** 注意：这里讲到发掘审批权，讲到文物保护和考古发掘的分工，这两点对了解中国考古文物工作的体制最重要，但这是新中国成立初期的局面，后来有变化。

陈星灿《中国史前考古学史研究》(北京：生活·读书·新知三联书店，1997年)

中国考古学史，分史前考古和历史考古。史前考古段，此书是代表作。

陈星灿，安志敏的博士生，1991年毕业，1992—1993年曾在哈佛大学访学一年，现任社科院考古所所长。此书是他的博士论文，前有张光直序。全书包括——

导言：关于史前考古学的若干一般问题。讲"史前"的概念，"史前史"与"史前考古学"的关系，中国史前考古学史的分期。

"史前史"（prehistory）是个西方考古学的概念。作者说，这个词的发明者是法国的特纳而非英国的威尔逊。"史前"怎么还有"史"，似乎是语义悖反。[1] 西人所谓"史"分古代史、中古史、近代史。"史前史"是"古代史"之前的"史"。它是把人类史当大历史，有文字的"史"只是离我们最近的一小段，前面全是"史前史"。有人还把介于这两段之间的历史叫"原史"（protohistory）。汤姆森把古物分为石器、青铜、铁器三期。以后石器时代又分为旧石器时代（palaeolithic age）和新石器时代（neolithic age），再后又从这两段之间分出中石器时代（mesolithic age）。青铜时代又分出个红铜时代（copper age 或 aeneolithic age 或 chalcolithic age）。

作者说，史前考古是给史前史提供物质资料，并不等于史前史。

史前史的概念传入中国是在清末。中国史前考古学史的开端应当从哪儿算起，一向有三说：一说以鸟居龙藏的中国东北考察（1895年）为开端；一说以安特生的仰韶村发掘（1921年）为开端；一说以李济的西阴村发掘（1926年）为开端。前两种说法以外国人来华考古的事件为开端，后一种说法以中国人的考古为开端。分期也有不同说法。

尹达分三期：1920—1927年为一期；1928—1937年为一期；

---

[1] 李学勤《〈史记·五帝本纪〉讲稿》，北京：生活·读书·新知三联书店，2012年，7—8页。

1937—1949年为一期。这是为新石器考古学史分期。在开端问题上，他既赞同1895年说，也赞同1921年说。1920年只是一个大致的起点。

张森水分两期：1920—1929年为一期；1929—1949年为一期。这是为旧石器考古学史分期。

徐苹芳分三期：1911—1927年为一期；1927—1937年为一期；1937—1949为一期。1911年是清代的最后一年。这是为民国时期的考古学史分期，不是为整个中国史前考古学史分期。

王世民分三期：从甲骨文发现到1928年为一期；1928—1949年为一期；1949年至今为一期。这是为中国考古学史分期，也不是为中国史前考古学史分期。

作者折中众说，提出自己的分期，即下述各章的叙述框架。

第一章：中国史前考古学的萌芽（1895—1921）

讲"中国文化西来"说，近代考古学知识初为国人所知，外国人来中国探险和考古，金石学向考古学的过渡等。外国人来华探险和考古，日本人主要在中国的东北和台湾活动，英国、瑞典、俄国、法国主要在中国的新疆和内蒙古活动。他们的考古活动是从地质调查、找矿找化石开始。此期以1895年鸟居龙藏的旅顺调查为上限，1921年安特生挖沙锅屯和仰韶为下限。

案 中国史前考古的开端有三说，作者是取鸟居龙藏的东北考察（1895年）为开端。

第二章：中国史前考古学的诞生（1921—1931）

作者把1921—1949年分为三段：1921—1931年算一段，1931—

1937年算一段，1937—1949年算一段。头一段，讲五四运动和中国史前考古学的滥觞，这一时期的主要考古活动，"中国文化西来"说的分析，以及考古技术、方法的得失。这一时期的考古活动包括：安特生的活动（周口店、沙锅屯、仰韶和甘青地区），北疆博物院桑志华、德日进的活动（萨拉乌苏、水洞沟），美国自然博物馆的中亚考察团的活动（蒙古高原），李济的活动（西阴村），中瑞西北考察团的活动（内蒙古、新疆、甘肃、青海、宁夏），中国地质调查所的活动（周口店），中研院史语所的活动（安阳、昂昂溪、龙山镇、城子崖），其他中国学者的考古活动（卫聚贤等人在南京栖霞山和荆村瓦渣斜的发掘），其他西方学者的活动（苏联在中国的发掘），日本学者的活动。"中国文化西来"说是建立在仰韶彩陶文化与安诺、特里波列文化的比较上，安特生把甘青彩陶文化分为六期：齐家期、仰韶期（即马家窑文化）、马厂期、辛店期、寺洼期、沙井期，认为甘青彩陶早于仰韶彩陶，彩陶文化是自西向东传。早期传播论，通常以早晚论，这是那个时期的特点。此期以1921年安特生挖沙锅屯、仰韶为上限，1931年梁思永发现后岗三叠层为下限。

案 美国自然博物馆，全称是"美国芝加哥菲尔德自然历史博物馆"。

第三章：中国史前考古学的发展（1931—1937）

时间范围：从梁思永发现后岗三叠层到抗战全面爆发。讲这一时期的考古活动，中国史前文化的二元对立，地层学的完善和类型学的形成。这一时期的考古活动，包括中国地质调查所的活动（周口店），中研院史语所的活动（河南、安徽、山东），北研院史学所的活动（斗鸡台），西湖博物馆和吴越史地研究会的活动（湖州钱山漾、金山戚家墩、杭州古荡、余杭良渚等），日本学者的活动（长山列岛、旅顺羊头洼、哈尔滨顾乡屯、赤峰红山、延吉小营子等），西方学者的活动（如1935年步日耶发现泥河湾遗址，孔尼华发现巨猿化石）。

案 "中国史前文化的二元对立"，指仰韶文化和龙山文化东西对峙的局面。

第四章：中国史前考古学的继续发展（1937 — 1949）

时间范围：从抗战全面爆发到新中国成立。全面抗战期间，日本侵占中国东部，在中国东北、华北和华南进行考古。中国人只能在中国西北、西南进行考古，如中研院史语所等单位的苍洱考察（1938年）和西北考察（1944 — 1945年）。

案 这一时期，"仰韶、龙山二分"说仍占支配地位，但学者对两者的关系已有所怀疑，夏鼐、裴文中解构安特生六期说是重要突破。

姚远《谢辰生口述 —— 新中国文物事业重大决策纪事》（北京：生活・读书・新知三联书店，2018年）

口述包括七章，前有金冲及序，后有三个附录和访谈整理者姚远写的后记。附录一是谢辰生《文物 ——〈中国大百科全书・文物卷〉前言》，附录二是《谢辰生先生参与制定的重要文物法规文件》，附录三是《谢辰生先生文物著述要目》。

第一章：平生只做一件事

讲谢辰生的家庭背景和早期经历(1922—1949年)。1942年，谢辰生想去延安投奔革命而未果。1946年，随谢国桢到上海，帮徐森玉编《中国甲午以后流入日本之文物目录》，帮郑振铎编《中国历史参考图谱》。1949年，郑振铎招他来北京筹办文物局，从此献身文物保护事业。

案 国家文物局，数易其名，或归文化部，或直属国务院。1949年叫文物事业管理局(简称"文物局")，1951年叫社会文化管理局(简称"社管局")，1955年恢复旧名，1965年叫图博文物事业管理局，1973年叫国家文物事业管理局(直属国务院)，1980年改回图博文物事业管理局旧名(重归文化部)，1982年又恢复国家文物事业管理局旧名，1987年再度直属国务院(由文化部代管)，1988年改名国家文物局。

2018年文化部改名文化和旅游部(简称"文旅部")后，国家文物局归文旅部领导。

国家文物局的英文译名，旧作State Bureau of Cultural Relics，今作National Cultural Heritage Administration。State应作National。后一译名的意思，其实是"国家文化遗产管理局"，类似美国CRM的概念。译名之变可以反映时代变化。

第二章：新中国成立初期的文物事业

讲新中国成立初期的国家文物局(1949—1958年)。文物局初建，下设文物处、博物馆处和图书馆处。谢辰生说，"文物处一开始叫古物处，后来考虑到古物无法涵盖革命文物，就改名为文物处"(20页)。当时，郑振铎既是国家文物局的局长，也是科学院考古所的所长。国家文物局不光管地上(古建和历史纪念性建筑，全国文保单位)，也管地下(古代遗址)；不光管出土文物，也管传世文物；不光管古代文物，也管革命文物。文物局从文物局的角度看问题，地方考古只是它管辖范围内的一项工作。

谢辰生说，几十年来，他研究的是"文物学"。"文物学"是什么概念，可参看书后的附录一：《文物——〈中国大百科全书·文物卷〉前言》。他说：

> 《中国大百科全书》为什么会有"文物"这一卷？本来是没有的，要放到考古卷去，是胡乔木支持了我们的意见，单独作为一卷。"文物"卷不能放到考古，是文物管了考古，不是考古管了文物，文物学本身就是一个学科体系，所以我们就顶回去了。(40—41页)

案 夏鼐最不喜欢"文物"和"文物学"的概念。他说，考古所负责发掘、研究，文物局负责保护文物，文物本来叫古物，古物学只是考古学的一部分，[1]与谢说相反。

有趣的是，《中国大百科全书》文物卷，其"人物"条只收五人：郭沫若、郑振铎、王冶秋、夏鼐、徐鸿宝(即徐森玉)。其中有夏鼐。

第三章：文物法制的初步建立

讲"大跃进"到"文革"(1958—1966年)。1958年郑振铎去世后，王冶秋是文物局局长。谢辰生起草的《文物保护管理暂行条例》(1961年)属于这一时期。

---

[1] 夏鼐《文物和考古》，收入《夏鼐文集》，第四册，418—419页。

案　《文物保护管理暂行条例》有两条最重要。第一条："在中华人民共和国国境内，一切具有历史、艺术、科学价值的文物，都由国家保护，不得破坏和擅自运往国外。各级人民委员会对于所辖境内的文物负有保护责任。一切现在地下遗存的文物，都属于国家所有。"第十条："各文物管理机构、科学研究机构和学校等，不是配合建设工程而进行考古发掘的时候，应当提出发掘计划，报经文化部会同中国科学院审核批准后，始得进行发掘。"

第四章："文化大革命"期间的文物事业

讲"文革"十年和"文革"后的头三年（1966—1979年）。谢辰生说，1990年代的文物破坏比"文革"时还严重。红卫兵"破四旧"只是1966年下半年的事，主要是抄家、破坏书画、捣毁庙里的菩萨，全国重点文物保护单位、省级重点文物保护单位基本保存完好。周恩来及其他一些时任中央领导人都对保护文物起过作用。

案　王冶秋当局长年头最长（1958—1970年、1973—1979年），谢辰生长期追随王冶秋，跟王冶秋感情很深。

第五章：从《文物保护法》到"101号文件"

讲1980年代的前七年（1980—1987年）。1979年底，某"高层领导"下令故宫开涉外宾馆，王冶秋以可能造成失火、失盗和破坏古建原貌为由拒绝执行，因而下台。[1]继任的文物局长有三位，1980—1982年是任

---

[1]《夏鼐日记》1980年2月24日："（上午）至王天木同志处，旋偕往访谢辰生同志。谢同志说：（转下页）

质斌，1982—1984年是孙轶青，1984—1988年是吕济民。

1980年5月26日，中央书记处召开第23次会议，胡耀邦主持会议，专门讨论文物工作。会议讨论过程中，赵紫阳提出"以文物养文物"，最后以《中央书记处对文物、图书馆工作的指示》下发。任质斌听取谢辰生的意见，说服胡耀邦重新修改这一文件，删去这一口号。1982年，谢辰生起草的《中华人民共和国文物保护法》就是在任质斌任上。相反，孙轶青主张开放文物市场，支持"以文物养文物"。

谢辰生说：

> 现在看"以文物养文物"肯定是不对的……赵紫阳提出"以文物养文物"，那就是完全从经济的角度考虑，完全是想着各行各业都要创收，要把文物事业变产业了，要卖文物啊！我一直很反感"小政府、大市场"那一套，如果把公共事业全部推给市场，那样做到底是新自由主义还是社会主义？曲阜的孔府里面就办起了接待外宾的旅馆，还是我后来写信给谷牧才把旅馆赶出去的。包括故宫在内，当时有高层领导还要卖故宫的东西，说东西多了可以变卖，还计划把故宫也改造为旅馆，也被我们坚决顶住了。1979年，旅游局局长卢绪章来故宫，说传达领导指示，要在故宫里搞接待外国游客的旅馆，当时局长还是王冶秋，当场坚决反对。卢绪章说："你要考虑后果！"王冶秋说："我是文物局局长，就算撤了我的职，我也不

(接上页)王冶秋同志在三个问题上顶撞了上司：①不能出卖文物出口；②不准博物馆门票涨价；③不准故宫设置外宾旅馆，当然他的去职另有原因。"（卷八，384页）3月17日："至谢辰生同志处，谈文物保护事。他谈到对王冶秋前局长的评价，谓要一分为二，就优点而论，还是知道保护文物是怎样一回事，例如反对故宫出卖处理品文物，反对门票加价，反对故宫中盖外宾招待所，反对文物作为商品出口，敢想敢作等等。尤其是反右时，没有把局中持不同意见的人打成右派。"（卷八，389—390页）

同意！"硬给顶住了。(178—179页)

　　1982年4月至1985年7月，邓力群任中宣部部长，他曾两次讲话，抵制"文物工作的第一位工作是利用"说。一次是在全国文物工作会议上，讲话题目是《保护·研究·利用——对文物、博物馆工作的几点意见》(5月6日)；一次是在全国文物工作座谈会上(10月31日)，讲话题目是《正确处理文物保护和其他工作的关系》。[1] 谢辰生说："邓力群当中宣部部长那几年，对文物事业起到了很好的作用"(191页)。

　　1980年代中期，盗掘和走私文物十分猖獗。谢辰生奉命起草《关于进一步加强文物工作的决定》(1984年)和《关于进一步加强文物工作的通知》(1987年)，反对盗掘和走私文物，则是在吕济民任上。

　　谢辰生说：

　　　　在80年代中期以前，从50年代"三反"以后，经过"文革"，文物走私、盗掘可以说是基本上是没有的，零星的不能说没有，但是大量出现的情况是没有发生过的。1953年，抓了一批盗墓贼给枪毙了，把盗墓犯罪都给镇住了，一镇30年。可是到了80年代中期，文物走私、盗掘的现象又出现了……(203页)

案　　1982年11月19日公布的《中华人民共和国文物保护法》第十七条重申了《文物保护管理暂行条例》第十条的规定。注意：盗墓罪，原《刑法》第328条规定，情节严重者可以判死刑。今法学界颇有呼吁废

---

[1] 《邓力群自述：十二个春秋(1975—1987年)》，香港：大风出版社，2009年，331—333页。

除死刑者（众多"接轨"说之一），2011年5月，《刑法修正案八》取消盗墓罪死刑。新的法律解释是"非暴力犯罪"不适用死刑。

第六章："十六字方针"的形成

讲《文物保护法》2002年版出台的经过（1988—2002年）。"十六字方针"即"保护为主，抢救第一，合理利用，加强管理"。争论焦点是"保护"为主，还是"利用"为主。"利用"可以有两种理解。很多人认为，"利用"就是商业利用。谢辰生反对，认为"利用"主要是科研、宣传教育和美学享受（188页）。

这一时期的文物局长，1988—1996年是张德勤，[1] 1996—2002年是张文彬，2002—2012年是单霁翔。谢辰生评价，张德勤到香港搞拍卖，宣传"拍卖国宝"，影响很坏；张文彬和单霁翔，方针正确。《文物保护法》2002年版的颁布是在单霁翔任上。

谢辰生反对"四化"，一是"文物价值经济化"，二是"文物工作产业化"，三是"文物管理市场化"，四是"文物产权国际化"。他说：

> 现在文物盗掘走私犯罪已经完全失控，严重程度超过了新中国成立以来任何时期，甚至是历史上的任何时期，盗墓问题也达到了

---

[1] 参看张德勤《困顿与开拓——一个国家文物局局长的自述》，北京：人民出版社，2014年。案：张德勤是王蒙任文化部部长期间（1986—1989年）的国家文物局局长（1988—1996年）。书前有王蒙序。全书共十四篇，第一篇是"王蒙让我与文物事业结了缘"（第一节是"王蒙教我怎样当局长"），第十篇是"民间文物收藏：文物大国的题中应有之义"，第十一篇是"文物拍卖：应运而生的新事物"，第十二篇是"香港文物收藏家的重要贡献"。其附录十四"文博事业是全民全社会的大事业"对《文物保护法》2002年版的修改做了解释，主张"解放思想"（解放文物市场），减少"国家干预"（国家只管国家的考古文博单位），调动"全民全社会"的积极性（私人藏家、拍卖行和普通百姓藏宝、鉴宝的积极性）。他把"十六字方针"的重点放在第三句，强调"保护"的目的归根结底还是为了"利用"。

几千年来最严重的程度！(244页)

谢辰生讲《文物保护法》修订的斗争。他说，新法解决了一个问题，即旅游业兼并文保单位，但关于流散文物和文物市场，斗争仍很激烈。

斗争的第一个焦点在文物市场问题，是开放还是从严？一派认为应全面放开，甚至说"什么是文物价值，就是人民币"，"里面有文物局的退休干部，也有全国人大的一些人，有的人对古玩收藏很热衷，有的自己就跟拍卖公司关系好得很"，还有张德勤。结果是：

> 《文物保护法》修订稿是取其中，来了个平手，只是维持现状，也没法继续从严下去。我们本来想要从严，他们要大放开，结果他们也没放开，我们也没有从严，还是按照原来的东西来做。李铁映提出来的文物商业"直管专营、加强管理"的意见也没有写进《文物保护法》，但是原来的规定已经不行了，现在是必须从严，可没有严得起来，这是个大问题，现在仍是。(282页)

斗争的第二个焦点是国有博物馆馆藏文物出售、出租的问题。"张德勤找了人大常委会法制委员会的人"，提出一个方案，"规定馆藏文物可以出租、出借、交换、有偿转让，甚至出售或拍卖"。结果是：

> 最后出来的《文物保护法》第四十四条规定："禁止国有文物收藏单位将馆藏文物赠与、出租或者出售给其他单位、个人。"采纳的是我们的意见。(283页)

案 夏鼐去世后的《中华人民共和国文物保护法》(2002年10月28日)第二十八条:"从事考古发掘的单位,为了科学研究进行考古发掘,应当提出发掘计划,报国务院文物行政部门批准;对全国重点文物保护单位的考古发掘计划,应当经国务院文物行政部门审核后报国务院批准。国务院文物行政部门在批准或者审核前,应当征求社会科学研究机构和有关专家的意见。"改"会同审批"为"征求意见"。注意:2018年3月根据第十三届全国人民代表大会第一次会议批准的国务院机构改革方案,将文化部职责整合,组建中华人民共和国文化和旅游部,不再保留文化部。

第七章:热血丹心护古城

讲《文物保护法》2002年版出台后的古城保护(2002—2016年),重点谈北京城,兼及南京等古城,痛批"五年内完成危旧房改造"等口号,反对房地产开发商以此为名,推平头,建大楼。

谢辰生说:

> 我一直说,我国文物破坏最严重的是在90年代,甚至超过"文革"。因为从90年代开始,不光是文物盗掘、走私极为猖狂,还有城市化之中发生的乱拆乱建、拆旧建新的问题,到处都有因房地产开发,破坏历史文化名城的问题。(292页)

> 前几年有文章说,现在中国道德获得巨大进步,说现在最好,这都是美化,完全是睁眼说瞎话!否定前头他们可来劲了,现在有问题就是不承认,这能前进吗?第三次全国文物普查结果表明,中

国登记的不可移动文物共766722处，其中约4.4万处不可移动文物已经消失。怎么消失的？其中有很多不就是因为搞房地产给拆了么？不都是为了俩钱儿破坏的么？(293页)

案 注意："我国文物破坏最严重的是在90年代"，这话很沉重。读《谢辰生口述》，你能强烈感受到，中国的文物保护面临巨大挑战。

严峻的现实是，"文革"结束后，中国的考古文物事业，与整个社会一致，同样面临市场化、私有化、国际化(或全球化)、泡沫化(金融危机)的冲击。谢辰生是这一变化的目击者和批评者。然而四十年过去，全民藏宝、全民鉴宝、盗掘盗卖的风气一发而不可收，令人扼腕叹息。

现在，保护动物的广告铺天盖地，"没有买卖，就没有杀害"，我把这个广告词改了一下，变成"没有买卖，就没有盗墓。文物和动物同样值得保护"。我希望有一天，这话能成为公益广告。

小 结

西方学者讲考古学史，照例以古物学为背景，先讲古物学，再讲考古学。中国学者讲中国考古学史，通常也这么讲。中国的考古学与古物学是什么关系，很值得研究。

(一)中国的古物学传统为什么没发展出考古学

中国古书有"考古"一词。这个词，含义并不复杂，意思是"研究古代"。它跟西方的archaeology，论其初义，并无不同。

宋以来的"考古"指金石学。金石学以古代的器物、铭刻和艺术为研究对象，类似西方的古物学。西方考古学，前身是古物学。西方人动辄以新旧、前后划线。照此习惯，所谓古物学史，或可称"考古学前史"

或"前考古学史"。

考古学和古物学是前后关系,前后关系并非"一刀两断"。西方考古学,不仅古典考古和近东考古是从古物学发展而来,就连史前考古也不例外。如汤姆森"三期说"就是古物学留给考古学的遗产,今天还在用。考古学的特点是"有容乃大",它是把器物学、铭刻学和艺术史研究囊括进来,以成其大,不是弃旧图新,而是推陈出新。考古学出,器物学、铭刻学和艺术史研究不废,仍然是考古学的一部分。

西方考古学史很少讲中国考古,更很少讲中国的金石学。但特里格的《考古学思想史》有"其他早期考古学家"一节,却讲西方以外的古物学。他说,中国学者重文献考据,他们对金石铭刻的研究后来发展为商代甲骨刻辞的研究,"虽然这些学者被说成是为当代中国考古学的发展奠定了本土基础,但是他们并没有设法去发现材料。他们的研究仍然是总体编年史学的一个分支,而没有像西方古典研究、埃及学和亚述学那样,发展成一门进而专门关注物质文化的独立学科"。[1]这一说法恐怕不完全对。事实上,殷墟甲骨刚一发现,金石学家就很关心它们从哪里来,并派人调查。殷墟十五次发掘就是因此而起。

中国的金石学为什么没有像西方的古物学发展成考古学?顾立雅说,中国人"对考古发掘存在着普遍而且根深蒂固的反感情绪",认为"动土即是触犯了一方的神明"。[2]这种说法顶多只能代表中国传统的一方面,另一方面,山川效灵,地不爱宝,中国的农民天天跟土地打交道,地下经常出东西,对他们来说,一点儿都不新鲜。中国的盗墓很有传统,人

---

[1] 特里格《考古学思想史》(第二版),60—62页。他拿中国跟日本、印度和伊斯兰世界做比较,认为印度和伊斯兰世界古物学不发达,日本跟中国很发达。日本与中国相似,都把古物当文献的延伸和补充。
[2] 丹尼尔《考古学一百五十年》,266页。

们对挖坟掘墓并不陌生，在利益驱动下，不但不反感，有时还很热衷。

中国的金石学传统，文人士大夫看重的是历史时期的遗物，比较接近西方的古典考古和近东考古，但缺乏对史前遗物（新旧石器）的兴趣，离史前考古比较远。这倒是事实。

特里格说，考古学在中国没能发展起来，原因可能在于，中国学者看重书斋生活，讨厌体力劳动，看不起挖坟掘墓，老百姓敬畏神祖，也不敢挖。这种解释太简单。中国文人士大夫和地理学家（如郦道元）一直重视野外的古迹调查，愚众和兵匪也一直在盗墓。[1]

这个问题跟李约瑟绕不明白的问题（号称"李约瑟难题"）或经济史学家绕不明白的问题属于同类。"中国古代科技那么发达，为什么没有发展出现代科学"，"中国明清时期经济水平那么高，为什么没有发展出资本主义"。这类问题，本身就是问题，等于"马问牛为什么长角，牛问马为什么不长角"。或者更简单，"你为什么不是我"。

（二）中国的考古学是自外输入，但输入后被中国化

中国考古是个传播论的例证。西方人来华，"动手动脚找材料"，全是为了"知彼"，为了摸清我们的家底。考古跟两件事有关，一是探险（与五大发现中的三大发现有关），二是找矿。考古只是捎带脚。

这种考古，一经输入，很快被中国化。中国人考古，更多是为了"知己"，为了搞清中国历史的来龙去脉。最后还是与中国的古物学和中国的学术传统对接。

中国的史前考古是由外国人引进，通过与中国人合作发展起来。但中国的历史考古却是由中国人自己搞起来的。前者是19世纪末20世纪初

---

[1] 特里格《考古学思想史》（第二版），60—62页。

的考古，后者是1926年以来的考古。

中国地质调查所新生代研究室是中科院古脊椎动物与古人类研究所的前身，[1]中研院史语所和北研院史学所是中科院考古所的前身。这是中国考古的两大系统。

中国人自己的考古，前后加起来还不到一百年。1926—1949年属民国时期，抗战前是一段，抗战中是一段，抗战后是一段。1949年后的新中国，"文革"前是一段（1949—1966年），"文革"中是一段（1966—1976年），"文革"后是一段（1976年以来）。

冷战时期，中国被西方反锁在里面，只能独立发展。中国的"封闭"是"被封闭"。这不光是中国考古的损失，也是世界考古的损失。

现在，中国考古是独立发展加国际化，无论"请进来"，还是"走出去"，都是"以我为主"。中国考古是世界考古不可或缺的组成部分。

（三）1926—1949年的中国考古

史前考古有陈星灿的书，历史考古缺乏专书。历史考古，有三大事件：

1. 中研院史语所的殷墟发掘：商代考古的开端。
2. 北研院史学所的斗鸡台发掘：周秦考古的开端。
3. 北研院史学所的中瑞西北考察和中研院史语所的西北考察：西人探险的延续。

此外，这一时期还有五大发现，应当结合1949年以后的发现做复原性研究。如：新郑李家楼、浑源李峪村、洛阳金村、寿县朱家集楚墓、长沙楚墓。

---

[1] 中国科学院古脊椎动物与古人类研究所编《中国科学院古脊椎动物与古人类研究所（1929—2019）》，2019年。

(四) 1949—1976年的中国考古

新中国的考古文博事业分三大系统：一是文物局系统；二是中科院考古所系统（后归社科院）；三是高校的考古文博专业系统（后多成立考古系）。考古是为国家服务，属于公益事业。

国家文物局是文物局系统的最高管理部门。文物局管博物馆，博物馆有考古队，早期归地方文管会管，晚期归地方文化厅和文物局管。1980年代，各省纷纷成立考古所，很多考古所都是由博物馆的考古队分出。中国考古，除了中科院考古所和古脊椎所，都归它管。而且它管的事还不光是考古，考古只是其中一项。难怪谢辰生说，文物管考古，而不是考古管文物。

中科院考古所是科研机构。这个所是夏鼐一手打造。1984年，他有一篇讲话，专讲"文物"和"考古"的关系。[1]他说，新中国成立初期，中央一级的文物局和考古所有分工，保护文物归文物局，研究和发掘归考古所，考古发掘由两家联合审批。他一直认为，考古所是中国考古的国家队，代表中国考古的最高水准，应该为全国考古把关。与谢辰生相反，他认为，研究文物只是考古学的一部分。

高校考古文博专业，北京大学资格最老，属于教育系统。高校学考古，毕业后，有的分配到中科院考古所，有些分配到文博系统。

文物和考古，关系很微妙。不只是历史，也是现实。

(五) 1976年以后的中国考古

1976年，"文革"宣告结束。1977年，中科院考古所划归社科院。

---

[1] 夏鼐《文物和考古——在全国考古发掘工作汇报会上的报告》。参看《夏鼐文集》，第四册，407—420页。

1978年后，有考古文物旅游化、文物买卖合法化的趋势。

1979年，中美建交。1982年，《文物保护法》公布。1985年，夏鼐去世。中国考古有大变化。

2002年，新《文物保护法》公布。2018年3月，国家旅游局并入文化部，文化部改称文化和旅游部，国家文物局是这个部的下属单位。

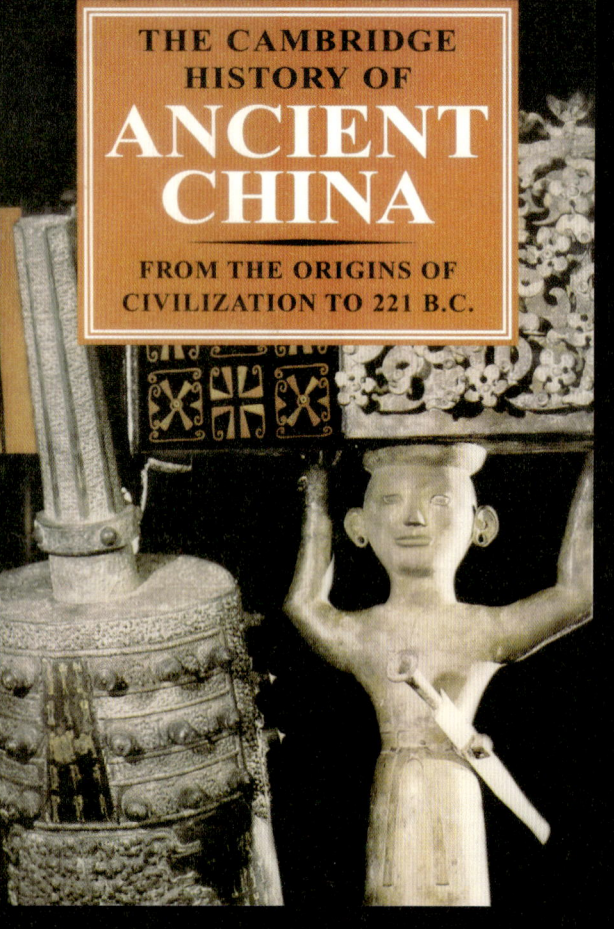

THE CAMBRIDGE HISTORY OF ANCIENT CHINA

FROM THE ORIGINS OF CIVILIZATION TO 221 B.C.

鲁惟一、夏含夷主编《剑桥中国上古史》

读《剑桥中国上古史》[*]

[*] Michael Loewe and Edward L. Shaughnessy ed., *The Cambridge History of Ancient China: From the Origins of Civilization to 221 B. C.*, Cambridge: Cambridge University Press, 1999. 有关评论和回应,可参看夏含夷编《古史新声——〈剑桥中国上古史〉的编撰与反响》(北京:生活·读书·新知三联书店,2020年)。书中收录中文书评六篇,由我提供;西文书评,夏含夷搜集到九篇,只收史嘉柏文,由张瀚墨译介。2020年6月11日夏含夷寄示《鲁惟一访谈》(Grantchester, Cambridge, UK, 2019年8月20日)。此文对了解《剑桥中国上古史》的编撰过程很有帮助。如鲁惟一提到某撰稿人(隐其名)拿一篇讲演稿敷衍了事,他和夏含夷都对倪德卫的第十一章不满意。访谈人胡司德(Roel Sterckx)是剑桥大学东亚系李约瑟讲座教授,赵静一是李约瑟研究所研究员和剑桥大学达尔文学院研究员。

此书题目，原作 *The Cambridge History of Ancient China: From the Origins of Civilization to 221 B. C.*。Ancient China，从内容看，应译"上古中国"，而不是"古代中国"，因为此书是讲先秦史，中文读者理解的"古代中国"是辛亥革命前的中国。Origins of Civilization，Origins 是复数，意思是说"中国文明"有很多源头，不止一个源头。中国学者讲中国文明是"多元一体"（费孝通、严文明），也可以说是"多源一体"。

1966 年以来，剑桥大学出版社一直在出多卷本《剑桥中国史》，[1]内容从秦汉一直写到中华人民共和国，秦汉以前，阙如。1999 年出版的《剑桥中国上古史》是为了弥补这个缺憾。

案 中国的远古、上古、中古等概念是受西方影响，实际用法并不统一。白寿彝主编《中国通史》（上海：上海人民出版社，2015 年）是以五帝为远古，夏、商、西周和春秋、战国为上古，秦汉至明清为中古。英语通常以 Early China 指商周秦汉，不包括史前（如 *Early China* 杂志），Imperial China 指秦至清，Early Imperial China 指秦汉，Early Medieval China 指魏晋隋唐（如 *Early Medieval China* 杂志），Late Medieval China 指五代宋元，Modern China 指明清以来，Contemporary China 指 1949 年后的中国。

写作队伍：编者和作者

（一）两位主编

1. [英]鲁惟一（Michael Loewe，1922 年生），剑桥大学高级讲师，历

---

[1] 费正清、崔瑞德主编《剑桥中国史》（*The Cambridge History of China*），北京：中国社会科学出版社，1992 年。全书共 15 卷 17 册（第 5 卷及第 9 卷分上下册），已出版 13 卷。

史学家，治秦汉史。

2. [美]夏含夷（Edward L. Shaughnessy，1952年生），出自倪德卫门下，芝加哥大学东亚语言文明系顾立雅讲座教授，古文字学家和古文献学家。

（二）14位作者

1. [英]鲁惟一，见上。

2. [美]倪德卫（David S. Nivison，1923—2014年），斯坦福大学伊文思—温茨讲座教授，身兼亚洲语言系、哲学系和宗教系三系教职，已去世。

3. [美]许倬云（Cho-yun Hsu，1930年生），华裔，匹兹堡大学历史系教授，治中国史。

4. [美]张光直（Kwang-Chih Chang，1931—2001年），华裔，出自李济（1898—1979年）门下，哈佛大学人类学系教授，考古学家，治史前考古和商周考古，已去世。

5. [美]吉德炜（David N. Keightley，1932—2017年），加州大学伯克利分校历史系教授，古文字学家，治商代甲骨文，已去世。

6. [英]罗森（Jessica Rawson，1943年生），前牛津大学副校长和墨顿学院院长，考古—艺术史家，治商周铜器和玉器。

7. [美]鲍则岳（William G. Boltz，1943年生），出自卜弼德（Peter A. Boodberg，1903—1972年）门下，华盛顿大学亚洲语言文学系教授，治中国语言文字和古文献。

8. [美]巫鸿（Wu Hung，1945年生），华裔，出自张光直门下，芝加哥大学艺术系教授，艺术史家，治中国艺术史。

9. [美]贝格利（Robert Bagley，1948年生），出自罗越（Max Loehr，1903—1988年）门下，普林斯顿大学艺术考古系教授，艺术史家，治商代铜器。

10. [美]夏德安(Donald Harper，1950年生)，出自薛爱华(Edward Hetzel Schafer, 1913—1991年)门下，时任亚利桑那大学副教授，现为芝加哥大学东亚语言文明系教授，古文献学家，治出土文献和中国方术。

11. [美]夏含夷，见上。

12. [美]陆威仪(Mark Edward Lewis，1954年生)，出自何炳棣门下，时任剑桥大学东方学讲师(Reader)，现为斯坦福大学李国鼎讲座教授，历史学家，治中国社会史和政治史。

13. [美]狄宇宙(Nicola Di Cosmo，1957年生)，时任哈佛大学助理教授，现为普林斯顿大学高等研究院教授，历史学家，治内亚史。

14. [美]罗泰(Lothar von Falkenhausen，1959年生)，德裔，出自张光直门下，加州大学洛杉矶分校艺术史系教授，考古学家和艺术史家，治商周考古。

案 上述学者是个老、中、青三结合的队伍。鲁惟一、倪德卫是"20后"，最大；许倬云、张光直、吉德炜是"30后"(后两位已去世)，其次；罗森、鲍则岳、巫鸿、贝格利是"40后"，又其次；夏德安、夏含夷、陆威仪、狄宇宙、罗泰是"50后"，最小。他们，除了鲁惟一和狄宇宙，我都见过，有些还是相交多年的老朋友。

这些作者，主要来自英美两国，[1]他们有共识，也有差异，观点并不统一，好就好在并不统一。

---

[1] 这14位作者，三位是华裔，一位是德裔。按美国"政治正确性"，族裔是taboo，最好绕着走。

(三) 此书特色

据说是以考古材料和考古眼光讨论中国上古史，但这批作者，除张光直是考古学家，罗森在中东参加过发掘，罗泰在四川做过盐业考古，其他学者好像都没有田野考古的经历，特别是在中国参加田野考古的经历，全书主要还是从器物学、铭刻学、文献学和政治史、艺术史、思想史的角度讨论问题。

鲁惟一主编过一本《中国古代典籍导读》（李学勤等译，沈阳：辽宁教育出版社，1997年），[1] 共收中国古代典籍64部。为什么只收64部？鲁惟一说，是夏含夷建议。夏含夷迷《周易》，64这个数字是模仿八八六十四卦。

现在，我们读这本书，首先要注意它的结构特点，它是采用二元叙事法。所谓"二元叙事法"，就是按考古一章、历史一章或历史一章、考古一章，每两章为一组，交错排列，考古章以实物史料为主，历史章以文字史料为主，形成对比。这让人想起《周易》的卦象，即所谓"一阴一阳之谓道"（《易·系辞上》），我猜，这也是夏含夷的主意。

中国学者推崇"二重史证"，往往取地下史料（即实物史料）与地上史料（即文字史料）互证，一方面把传世文献和出土文字当考古发掘的线索，一方面把考古发现当证经补史的材料，视为治学的不二法门。汉学家往往相反，认为传世文献晚出，经后人改编，是意识形态建构，不能当早期史料用，只有"同期史料"即考古材料最可靠，考古材料的主要用途，不是证经补史，而是用来解构，解构传世文献，解构"永恒中国"。

---

[1] 原书：Michael Loewe ed., *Early Chinese Texts: A Bibliographical Guide*, Berkeley : the society for the study of early China and the institute of East Asia studies, University of California, 1993。

案 　　史嘉柏的书评《文本与文物》,值得一读。[1]他正是拿上述两种史料当对立面,以这种对立为切入点,题目本身已经说明一切。表面看,这里引起争论的问题,只是两种史料谁更可信,疑信之间如何选边站队,实际没这么简单,后面有文化立场和研究方法的深刻分歧。[2]

---

[1] David Schaberg, "Texts and Artifacts: A review of *the Cambridge History of Ancient China*," *Monumenta Serica* 49 (2001), pp. 463-515. 中文译本:史嘉柏《文本与文物:〈剑桥中国上古史〉书评》,张瀚墨译,收入《古史新声》,200—285页(原载《国学学刊》2017年2期)。

[2] 史嘉柏《近十年西方汉学界关于中国历史的若干争论问题——2005年10月27日在华东师范大学的学术演讲》,收入《古史新声》,286—297页(原载《海外中国学评论》第二辑,上海:上海古籍出版社,2007年)。夏含夷对上述二文的回应,见《证^2+证^3=证^5=证=一(二重证据法加三重证据法等于五重证据法当且仅当终应归一的证据)——再论中国古代学术证据法》,收入《古史新声》,330—351页(2014年饶宗颐学术讲座的讲稿)。

导 论

（鲁惟一、夏含夷）[1]

1. 历史学的进展和考古学对中国上古史研究的冲击。前者回顾近百年的欧洲汉学（如沙畹、伯希和、马伯乐、葛兰言、戴密微、高本汉和劳费尔），后者回顾近百年的中国考古学。

2. 史料。分文献史料和实物史料。

3. 理想化的过去。指中国传统史学对中国上古史的美化和曲解。

4. 本书的范围。讲全书的章节安排和文化立场。

案 美国的"政治正确性"有一大特点，即"以形式上的平等掩盖事实上的不平等"，凡涉族裔、性别，甚至高矮胖瘦，虽有差异、分

---

[1] 导论有夏含夷的中文译文（蔡芳沛校），收入《古史新声》，47—63页（原载《中华文史论丛》2007年第2期）。

歧、冲突，千万别碰，赶紧回避，绕着走。要说差异，也只是"普世价值"下的个体差异，谁跟谁都不一样。

我想打开天窗说亮话。

汉学家讲中国历史，跟我们有很多不同，政治传统不同、文化传统不同，学术训练也不同，用不着藏着掖着。他们对他们的中国同行通常有三个指责：一是被洗脑，迷信苏俄式马克思主义教条（因为政治敏感，一般不公开讲）；二是民族主义，老是强调中国本位和中国特色，迷信"永恒中国"，错把现代中国当古代中国，其实中国没那么大，历史没那么长，应当横切竖割，全面解构（公开讲）；三是过于传统，迷信文献，迷信传说，缺乏怀疑，不讲证据，没有现代眼光，没有科学态度，错把考古资料当证经补史的辅助性材料（更是力加挞伐）。反对与被反对具有十足的对称性：你文献，我考古；你传统，我现代；你迷信，我科学；你民族，我国际……

有意思的是，为了做到一视同仁、不分彼此，避免种族歧视或民族歧视的指责，有违美国的"政治正确性"，两位主编试图淡化这类指责，并维护上述写作队伍的团结一致。他们说，中国学者有"信古""疑古"之争，"信古派"迷信古代，代表"传统史学"和"民族主义"，为西方学者所不取，但话锋一转，反而做自我批评，承认彼此可能都有偏见，谁的偏见也不比谁少（我们的"偏见"比较清楚，他们的"偏见"语焉不详）。他们甚至说，"尽管有诸如此类的保留，我们还是很难否认这个结论，即近三十年的考古发现，它们主要不是推翻而是肯定了中国古代传统文献记载的可靠性"（10页）。

这种看法，在汉学圈里，恐怕最有争议，并不能代表各章作者的看法。我想，在一个有高度认同（至少在不认同中国学术的前提下）又标榜个体差异的学术环境里,恐怕要算"大同小异"的"异"。有些汉学家说,夏含夷"太中国",大概就是指他的这一立场。

我倒觉得,两位主编的看法是一种持平之论,相对而言,比较公允。

背景知识一:历法和年代(夏含夷)

作者除介绍历法知识(如干支记日、金文月相等),还提供了四个年表:商代年表、西周年表、春秋年表、战国年表。商代年表据吉德炜,[1]西周年表据夏含夷,[2]春秋年表据荣孟源,[3]战国年表据杨宽。[4]

案 古史纪年,传世文献有《史记》的《十二诸侯年表》《六国年表》和《竹书纪年》。以往治史,离开这些材料,没有时间框架。现在虽有考古发现,也未根本改观。《史记·三代世表》有世无年,夏含夷标了他定的年代,可与夏商周断代工程专家组《夏商周断代工程:1996—2000年阶段成果报告》简本(北京:世界图书出版公司,2000年)的年表对照。

背景知识二:上古中国的环境(吉德炜)

1. 地理。以水为主。一讲海湾,渤海湾和杭州湾;二讲大河,黄河、长江、淮河、渭水、汉水。
2. 气候和环境。作者据孢粉学和考古学证据,讨论新石器时代和青

---

[1] 本书第四章的表一。
[2] Edward L. Shaughnessy, *Sources of Western Zhou History: Inscribed Bronze Vessels*, Berkeley: University of California Press, 1991.
[3] 荣孟源《中国历史纪年》,北京:生活·读书·新知三联书店,1956年。
[4] 杨宽《战国史》,上海:上海人民出版社,1955年。

铜时代中国气候演变和环境演变的大趋势,可与中国学者的环境考古研究做对比。

案 中国人讲地理,往往山海川泽并叙。江、淮、河、济,古称四渎。四渎是独流入海的大河。作者只讲江、淮、河,没有济。为什么没有济?因为黄河早就改道,今河夺济,从东营入海,济水已并入黄河。1956年《全国农业发展纲要》定的"四五八"就是以江、淮、河划线。

第一章

历史前夜的中国

（张光直）

1. 远古的东亚舞台和人类定居。讲旧石器时代人类在东亚定居。

2. 农业生活方式的开始。讲新石器时代的农业革命。

3. 早期农民的区域文化。讲新石器文化的谱系。作者采用苏秉琦的区系类型说，把苏氏划分的六区，分别叫兴隆洼/新乐/红山文化区、仰韶文化区、大汶口文化区、马家浜/河姆渡文化区、大溪文化区和大坌坑文化区。作者以台湾的大坌坑文化代指中国东南沿海的新石器文化，是其稍异者。

4. 文化互动圈的形成和区域文化的发展。讲上述六区的互动和发展。

5. 历史前夜的"万邦"。讲国家的形成，文明的出现。

6. 传说、中国的起源和夏问题。讲中国古史传说的虚实，中国的概念到底有多早，夏是否存在。

案 此章属于二元叙事法的考古章,讲史前。史前无文字记载,是"纯考古学"的天下,但作者并不忌讳讲古史传说,他从中国的创世神话一直讲到五帝传说,最后谈"夏问题"。这同汉学家的习惯大不一样,似乎"最中国"。

这不光因为他是华裔。我们都知道,他是考古学家。考古学在美国属于文化人类学,人类学家并不排斥以后证前,也不忌讳讲"远古的历史记忆"。比如他讲印第安文化的"亚美连续性",就是建立在旧石器时代印第安人穿越亚美陆桥,来到美洲,仍然保持着亚洲记忆的假说上,同时"最美国"。

作者说,"史前中国"只是中国文明的舞台。这个舞台大致相当阿尔泰山和青藏高原以东的东亚地区,并不等于现代中国的版图,公元前3000年以前,无所谓"中国",公元前3000年以后,才有"中国",大体相当中国学者的"龙山中国"说。[1]

中国到底有没有夏代?作者的结论是:"现有证据表明,确实有夏代。司马迁之所以从当时众多的政权中看中夏,就是因为它在青铜时代或'三代'最早段中最强大。如果二里头可以确认为夏,这就是真的。"这跟下述各章大异其趣。

中国人讲三代,从来都是夏、商、周并举。三代不仅是前后关系,代表三个朝代,而且是平行关系,代表三个地理板块,夏居中,商在东,周在西,无论谁,要想夺天下,都要夺取夏这个中心区域。这个中心区域就是最初意义上的"中国"。如果没有商从东取夏,周从西取商,哪来

---

[1] 近来,中国考古学界有个热门话题,"最早的中国"。中国学者有庙二说(庙底沟二期说)、龙山说、二里头说。

考古研究大历史

西周？商、周岂非无源之水？

中国典籍中的"中国"是代表中国文明的中心。这是个历史形成的概念。"中国"是相对"四裔"，"四裔"是相对"中国"。四裔趋中，有如车轮，既有辐辏，也有辐射，并不在于疆域大小，疆域大小反而是个弹性概念，随四裔进退而时有伸缩。[1]

近年，学者讨论中国史前到青铜时代的转变，有若干新作可参考，如：

1. 刘莉、陈星灿《中国考古学：旧石器时代晚期到早期青铜时代》（北京：生活·读书·新知三联书店，2017年）。[2]

2. Li Min, *Social Memory and State Formation in Early China*, Cambridge University Press, 2018. 中文本即将在生活·读书·新知三联书店出版。

3. 张弛《龙山—二里头——中国史前文化格局的改变与青铜时代全球化的形成》，《文物》2017年6期。

4. Chi Zhang 1, A. Mark Pollard 2, Jessica Rawson 2, Limin Huan 2, Rui-liang Liu 2 & Xiaojia Tang 2, "China's major Late Neolithic centres and the rise of Erlitou," *Antiquity* 93369（2019），pp. 588-603.

史嘉柏对此章的评论相当小心，并未对张光直的"太中国"和"依赖传统文献"做太多批评，反而说他对萨满教和夏的处理"即使有争议也令人尊重"，"有时候即使将考古和文献证据混合也是允许的"。[3]

---

[1] 关于中国学者如何理解中国地理，可参看谭其骧《历史上的中国和中国历代疆域》，《中国边疆史地研究》1991年1期，34—42页。

[2] 原书：Li Liu, Xingcan Chen, *The Archaeology of China: From the Late Paleolithic to the Early Bronze Age*, Cambridge: Cambridge University Press, 2012。

[3] 史嘉柏《文本与文物：〈剑桥中国上古史〉书评》，收入《古史新声》，200—285页。

第二章

语言文字
（鲍则岳）

1. 中国语言。作者把 Chinese 一词限定为语言学意义上的"汉语"，而不是民族学意义上的"中国人"。他认为，汉语，从语言分类学讲，属于汉藏语系汉语族，不但与中国境内的少数民族有关，而且东南与南岛语系为邻，西北与印欧语系为邻，有从其他语系借用的词汇。他把汉语分成三期，公元前1200—前1000年叫上古期（Archaic Period）、公元前1000—前600年叫前古典期（Pre-Classical Period）、公元前600—前200年叫古典期（Classical Period）。论类型，他认为，汉语属孤立语（isolating language）和字节语（monosyllabic language）。此外，作者还就正名说讨论中国的语言哲学，并讨论汉语上古音的声母、韵母问题。作者说，最早的汉语是殷墟卜辞记录的语言，年代绝不早于晚商，即公元前1200年左右，"这标志着中国历史的起点"（74页）。按照此说，晚商以前不属于历史，要说历史也是史前史。

2. 中国文字。作者认为，中国文字起源于图形文字，发展经三阶段：第一阶段是图形文字阶段（Zodiographic Stage），第二阶段是多音多义阶段（Multivalent Stage），第三阶段是定音定义阶段（Determinative Stage）。

案 此章相当二元叙事法的历史章，即以文字史料和文献史料为主的历史部分。中国语言学节多从蒲利本（Edwin George Pulleyblank，1922—2013年）说，其中国文字节受卜弼德影响，如zodiographs一词借自希腊文zōdion，意思是"小画"，就是他老师的发明。

作者所说"中国语言"（Chinese Language）、"中国文字"（Chinese Script）其实是汉语和汉字。

此书之前，作者出版过《中国书写系统的起源和早期发展》（*The Origin and Early Development of the Chinese Writing System*. American Oriental Series, vol. 78. New Haven: American Oriental Society, 1994），专论汉字。其实除了汉字，中国文字还有很多种。如王国维说的"五大发现"，其中就有"中国境内古外族之遗文"。中国的中国古文字学会是研究汉族古文字，中国民族古文字研究会是研究中国少数民族古文字，两者合起来才有中国古文字研究的全貌。

有些汉学家说，"只有说中国话（汉语）的人才是中国人（汉族）"。其实，"中国"是个历史形成的概念，并非现代才有。历史上的"中国"，甭管哪朝哪代哪个历史时期，都是多民族、多宗教、多语言、多文字，你来我往，夏含夷，夷含夏，搅在一起。近年，中国发现的大批"戎人墓"都是集中在黄河流域，情况与魏晋南北朝同，可见所谓"中国"，从来如此。

王志平对此章有评论，颇多批评。[1]夏含夷对王文有回应，对王志平非常不满。[2]

---

[1] 王志平《鲍则岳〈剑桥中国先秦史〉"语言文字"章评述》，收入《古史新声》，136—146页（原载《国际汉学》第七辑）。
[2] 夏含夷《〈剑桥中国上古史〉的读者反响》，收入《古史新声》，64—76页。

第三章

商考古

（贝格利）

1. 商朝考古。这是他的批评对象。他并不承认有什么商朝。他说，殷墟发掘从一开始就是从文献出发，以考古迎合文献，中国考古学家受文献误导，把公元前2000—前1000年的各种青铜文化统统装在"商"的筐子里，描绘成一个幅员广阔的统一王朝，这种观点完全不能接受。他讲考古，与中国学者不同，完全撇开文献，甚至也不谈文字，只谈一件事，就是他最上心的青铜器。

2. 冶金考古。包括青铜时代的定义、冶金术的发展和考古记录。作者把冶金术的发展分成三阶段：齐家、火烧沟，规模小；二里头，开始向大规模过渡；二里冈，范铸成熟，有装饰。最后讲殷墟铜器的风格发展，介绍罗越的五种风格说。

3. 早期青铜时代的考古发现。包括二里头文化、二里冈文化、二里冈文化分布区内的盘龙城，新干和吴城文化，安徽、河北和陕西的过渡期遗址，以及安阳，还有湖北南和湖南北、三星堆、苏阜屯、北方系青铜器和渭河流域的发现。最后，讨论考古与传统史学。

案 此书前两章只是个引子，尚未进入正题。正题是从这一章开始。

这一章，题目作"商考古"，实际含义却是公元前2000—前1000年左右中国青铜时代的早期，包括殷墟时期。作者并不同意把这一时期的所有青铜文化统统归在"商"的名下。他给"商"的概念下定义，"商"仅指安阳，殷墟前无所谓"商"，殷墟外也无所谓"商"。他不喜欢"商代"（Shang Period），也拒绝用"商朝"（Shang Dynasty）或"中国文明"（Chinese Civilization），因为在他看来，"商代"只是殷墟时期，"商朝"是中国考古学家臆造，出发点是文献，殷墟以前无文字，应属史前，谈不上文明。"解构永恒中国"，这是样板。

中国考古学家讲商代考古，现在是从下七垣文化(邹衡叫"漳河类型")讲起，前有源而后有流，涉及很长时段、很大范围，并不限于城址，也不限于铜器。作者对这类基础工作概不涉及，并未认真考虑这些发现的整体关联，而是从西方学者对早期国家的一般认识，一上来先判决，"商"不可能这么长、这么大，必须打散，推倒重来。他只承认"二里冈帝国"大一点，其他都是一个个孤立的点，时间和空间上都只有点，没有面，"安阳文化"只是其中一个点。

艾兰对此章有评论，认为作者对中国考古学的攻击毫无道理，《剑桥中国上古史》不应发表如此"不当的、激烈的作品"。夏含夷说他"几乎完全同意"艾兰的批评，但又说他不同意艾兰对此章的评价，他说此章是"全书最好的章节之一"。

唐际根也对此章有评论。[1]他的文章很客气，一上来先自我批评、自我检讨，然后才是质询，才是商榷。其态度之谦恭与贝格利对中国考古学家的横加指责形成强烈对比。夏含夷对唐际根的评论非常欣赏。[2]

史嘉柏的书评最晚，他对贝格利评价最高，认为他代表了西方学术的标准。一是对"中国"的概念有明确界定，把汉族和非汉族分得一清二楚（西方人特别喜欢扮演汉族批评者和少数民族同情者的角色）；二是对中国传统史学有怀疑和批判的精神（包括对中国考古学家的批判），把"文本"和"文物"分得一清二楚。他说，此章"可以视为一篇对中国上古史学家若干痴望的无可辩驳的否认和拒绝之作"。[3]中国学者讲"三代"，此书以商为中国上古史的开端（吉德炜说商是中国的第一个朝代），贝格利不但不承认有夏，连商也不承认。史嘉柏认为这个头开得好，好就好在不用文献，也不用文字，完全用文物讲话，如同西方的史前考古，彻底摆脱中国史学。

---

[1] 唐际根《考古学·证史倾向·民族主义》，收入《古史新声》，147—157页（原载《读书》2002年1期）。案：此文又以《考古学·证史倾向·民族主义——〈剑桥中国史·商代考古〉提出的问题》为题发表于《三代考古》（一）（北京：科学出版社，2004年）。
[2] 夏含夷《〈剑桥中国上古史〉的读者反响》，收入《古史新声》，64—76页。
[3] 史嘉柏《文本与文物：〈剑桥中国上古史〉书评》，收入《古史新声》，200—285页。

第四章

商：
中国的第一个朝代
（吉德炜）

1. 史料。包括传统记述，即《史记·殷本纪》的商王世系，以及商代的青铜器铭文和甲骨文。

2. 年代。包括绝对年代（如以成汤元年为公元前1554年，帝辛卒年为公元前1027年）和相对年代（如卜辞分组和董作宾的五期分类法）。

3. 历法。即天干（十干）配地支（十二支）的六十甲子计旬法。

4. 宗教。涉及上帝百神、先公先王，以及与祭祀祖考有关的嫡庶制和庙制、殉牲和殉人、五祀周祭、商王是大巫等。"商王是大巫"说出陈梦家，并被张光直发挥。

5. 国家。涉及政治景观和文化景观、王系和非王系、地方君长、王表和政体、嗣统和庙号、后妃、政区、农业、贡赋、劳役、战争动员、奴隶社会、中央集权和早期科层制。

6. 政治、军事的发展。

7. 商代的遗产。

案 此章是二元叙事法的历史章。与上一章不同，作者并不反对"商朝"这个词，反而称商是中国的第一个王朝。作者是甲骨文专家。此书之前，作者出版过《商代史料——中国青铜时代的甲骨文》(*Sources of Shang History: The Oracle-Bone Inscriptions of Bronze Age China*, Berkeley and Los Angeles: University of California Press, 1978)。所谓"商代史料"，就是甲骨文。他是用甲骨文写商史。

回顾历史，甲骨文刚发现，罗振玉称之为"贞卜文字"。他是把甲骨文当占卜文字，这是对的。后来，学术界拿它当史料，分门别类，讲商代的社会、经济、政治、军事，那是一种现代化的利用。当时，除了铭刻文字，没有其他文字材料。所谓"史料"，只是广义的"史料"。中国学者多已指出，严格意义上的商周史料是"书于竹帛"，当时的史料是保存在典册中。

史嘉柏说，甲骨文本身并非史料，属于"文本性文物"。吉德炜不像夏含夷处理西周史那样，全凭甲骨文讲话，既没有用甲骨文拼凑历史叙事，也没有把甲骨文放进甲骨文以外的虚构故事中来理解，在史料运用上堪称表率。[1]

---

[1] 史嘉柏《文本与文物:〈剑桥中国上古史〉书评》，收入《古史新声》，200—285页。

第五章

西周史
（夏含夷）[1]

1. 史料，包括《尚书》《诗经》《周易》，先秦子书和《史记》《竹书纪年》，以及西周铜器铭文。此书之前，作者出版过《西周史料——有铭铜器》(Sources of Western Zhou History: Inscribed Bronze Vessels, Berkeley and Los Angeles: University of California Press, 1991)。

2. 周人克商前的传说证据。讲周人的早期传说，从姜嫄生弃到文王拘羑里。

3. 周人克商前的铭文证据和考古证据。讲周族起源。周族起源有二说，一说是司马迁的"自邠迁豳返岐"说（陕西说），一说是钱穆的"豳在汾水流域"说（山西说），作者引陈梦家对殷墟卜辞的地理考证和邹衡对所谓光社文化的考证，倾向钱穆说，与许倬云同。以上两节讲先周。

---

[1] 此章有张淑一的中文译文，收入《古史新声》，77—135页。

4. 周人克商。讲文王伐商、武王克商(把牧野之战定在公元前1045年),武王之死和武王死后的继承危机,以及唐(晋)、应、康(卫)、鲁、齐、燕封为东方诸侯。

5. 周人统治的哲学基础。讲天命对周人的眷顾、周召之争和周公还政成王。

6. 周人统治的稳固。讲成王的土地分封、康王的军事扩张和昭王伐楚。以上三节讲西周早期。

7. 西周中期的改革。讲周穆王伐徐戎,引起军事改革、官制改革和土地改革。

8. 周王室的衰败。讲共、懿、孝、夷。以上两节讲西周中期。

9. 西周晚期天下观的发展。讲《周易》的出现。作者说,高本汉和罗越已注意到,从穆王开始,西周铜器有大变化,器形、纹饰、组合都不同以往。罗森把这一变化解释为礼仪变化,即祭器从小套组到大套组,参加者从家庭成员到大庭广众。这一变化影响诵诗,诵诗影响占卜,最终导致《周易》的出现。

10. 西周的衰败和陨落。讲厉、共(共伯和)、宣、幽。以上两节讲西周晚期。

11. 西周的遗产。作者说,西周能维持统治达275年,比后来的任何王朝都长。中国历史是由夏商甚至新石器时代做铺垫,但西周才是后续发展的奠基石,人们总是一次次回到这个起点,说明它很重要。孔子宗周,王国维宗周,夏含夷也强调西周。

案 这一组与上一组不同,历史章是放在考古章前,好像律诗的平仄粘对。西周史,文献记载较丰富,与商史大不相同,学者很难按文献自文献、考古自考古的方式讲话。作者以文献叙事为框架，穿插考古材料，尤其是铜器铭文，本来无可厚非，但在汉学界却备受攻击，认为文献不足据，文字不足据，只有考古可靠。

研究周人起源，属于先周考古。现在中国考古学界对这一问题的研究取得很大进展，虽然分歧仍多，但绝大多数都主陕西说，几乎无人赞同钱穆说。

作者是金文专家，对铜器铭文特别重视。铜器铭文对研究西周史当然很重要，但光靠铜器铭文，无法恢复西周史，作者还是利用了《诗》《书》《易》和《竹书纪年》等文献，这很正常。

中国的书写材料分软硬两类，简帛类似纸草、泥板，这类软材料才是中国书写材料的主体，金石类的硬材料并非古代书写材料的主体，与埃及、两河无异。两周铜器多属家族性的纪念文字，有时会移录官文书（如册命文书），但本身并非真正的官文书。我们对商周史料的主体还知之甚少，甲骨卜辞和铜器铭文只是聊胜于无。

传世文献有局限性，考古材料和古代铭刻同样有局限性，都是古人留下的残羹剩饭。材料不同，各有各的读法。读对了，相得益彰；读错了，谁也帮不了谁。问题不在哪种材料更可靠，而在读法对不对。

此章是史嘉柏的主要批评对象。[1] 夏含夷对西文评论的回应主要就是回应史嘉柏。[2]

---

[1] 史嘉柏《文本与文物：〈剑桥中国上古史〉书评》，收入《古史新声》，200—285页。
[2] 夏含夷《证^2+证^3=证^5=证=一（二重证据法加三重证据法等于五重证据法当且仅当终应归一的证据）——再论中国古代学术证据法》，收入《古史新声》，330—351页。

第六章

西周考古

(罗森)

1. 物质记录。讲遗址分布、断代标准、铜器铭文,以及墓葬、窖藏和有关发现。

2. 武王克商前的陕西和武王克商。讲西周崛起于陕西,周围有哪些邻国,以及武王克商的背景,属于中国考古学所谓的先周时期。

3. 西周早期。先讲陕西境内,后讲陕西以东。陕西境内,主要是周原、沣镐和四邻方国。陕西以东,主要是晋、周(成周)、卫、鲁、齐、纪、滕、燕。

4. 西周中期。讲遗址和铜器,华南和华东,汉淮流域,编钟和玉器。

5. 西周晚期。讲礼制革命,以及晋国和陕西以外的晚期发现。作者说,她所谓的礼制革命是发生在懿、孝、夷三王时。

6. 结论。作者强调,西周是以陕西为中心,有别于河南、山西和湖北。周室东迁,不但有别于东土各国,也有别于秦,带来的是一种分裂的局面。

案 西周铜器，早期仍保持晚商遗风，中期开始有大变化，有目共睹，如夏含夷在上节已经指出，高本汉和罗越都注意到这一点，问题是如何理解这一变化。

作者倡"礼制革命"说，引起中外学者热烈讨论，学者对这一变化的时间起讫和内容实质有不同看法，仁者见仁，智者见智。罗泰也讨论过这一变化，他叫"礼制改革"，侧重的是宗族分衍和贵族制度的变化，[1]逐渐把目光投向社会考古学的研究。

---

[1] 罗泰《有关西周晚期礼制改革及庄白微氏青铜器年代的新假设：从世系铭文说起》，李零译，收入臧振华编《中国考古学与历史学之整合研究》，台北：台湾"中央研究院"历史语言研究所，1997年，下册，651—676页。

第七章

青铜时代的衰落：
公元前770—前481年的物质文化和社会发展

（罗泰）

1. 定居点和活动范围。讲有关考古发现的地理分布。

2. 青铜器：风格、技术演变的大趋势。讲器形、纹饰、组合的演变。

3. 豫北、豫中的墓葬。讲洛阳中州路、三门峡虢国墓地、浚县辛村、辉县琉璃阁的发现。

4. 晋国墓地的发现。讲浑源李峪村、闻喜上郭村、侯马上马村的发现。

5. 秦国墓地的发现。讲凤翔南指挥、宝鸡太公庙、陇县边家庄的发现。

6. 曲阜的墓地。讲墓葬形制、葬式和随葬品。曲阜既有周人的墓地，也有殷人的墓地。

7. 周地以东的高等级墓。讲山东和豫东的发现，前者包括临淄河崖头、沂水刘家店子、临沂凤凰岭、莒南大店、滕州薛城的墓地，后者包括光山上官岗、信阳平桥、固始侯古堆的发现。

8. 汉水中游。讨论南阳、谷城、襄樊的发现，以及随州擂鼓墩、京山苏家垅、随州刘家崖的发现。

9. 楚国早期的发现。讨论当阳季家湖、枝江百里洲、当阳赵家湖、楚都纪南城，以及淅川下寺、和尚岭、徐家岭，还有寿县蔡侯申墓的发现。

10. 东南文化。讨论江苏、浙江、安徽、江西的发现。

11. 其他南方文化。讨论两湖、两广、云贵川的发现。

12. 北方和东北地区。作者说，遗址缺地层关系，范围太大，难以断代，欧亚草原中国部分的文化发展，请看第十三章。

13. 结论。通常印象，春秋时期是个分裂期，地区差异大于共性，但作者认为，西周中期的礼制改革对后世影响太大，上述发现与这个印象相反，文化面貌高度一致，地区差异只保留在南方。东周仍是西周的继续。

案 此书后半部分(第七至十四章)分春秋、战国两段，两段皆属广义的东周史。西周大一统，东周四分五裂，形成对照。中国历史始终包含着这对矛盾，古人叫"一治一乱""一分一合"。

此章是春秋段的考古章，[1] 写作材料是东周墓葬和东周墓葬出土的青铜器。公元前770年是平王东迁之年，即东周始年，比《春秋》始年早48年。公元前481年是哀公获麟、孔子绝笔《春秋》之年。作者说，对考古学家来说，公元前450年要比公元前481年更适合作这一时段的下限。

---

[1] 作者认为，"春秋"是复数，应作 Springs and Autumns period，而不是 Spring and Autumn period。

古代王朝是个时间概念,物质文化和精神文化不会按王朝一刀两断。我的印象,春秋早中期与西周晚期近,战国中晚期与秦代、西汉早期近,粗一点讲,春秋与西周近,战国与秦汉近。罗泰说,从春秋开始,青铜文化,盛极而衰,春秋史是西周晚期的延续,这个判断很正确。

此书之后,作者出版过《宗子维城——从考古材料的角度看公元前1000至前250年的中国社会》(吴长青等译,王艺等校,上海:上海古籍出版社,2017年),[1] 从社会考古学讨论两周时期的社会变化,可供读者作延伸阅读。

史嘉柏对罗泰的评价也比较高。[2]

---

[1] 原书:*Chinese Society in the Age of Confucius (1000-250BC): the Archaeological Evidence*,Los Angeles: Cotsen Institute of Archaeology, University of California,2006。
[2] 史嘉柏《文本与文物:〈剑桥中国上古史〉书评》,收入《古史新声》,200—285页。

第八章

春秋时期
（许倬云）

1. 西周陨落。讲幽王之死、平王东迁。
2. 春秋开始。讲春秋的时间范围和空间范围，时间范围同考古章，空间范围分周系国家和非周系族群。周系国家即《史记·十二诸侯年表》的十四国，外加许、越，非周系族群指各种蛮、夷、戎、狄。
3. 霸制形成。讲郑庄公、齐桓公、晋文公、楚庄王。
4. 列强割据。讲周室益衰，晋、楚、齐、秦并峙，吴、越崛起，以及霸制转型。
5. 社会发展。讲亲属结构、非周系族群的归化。
6. 国家结构的改变。讲次级封建、国野制和郡县制。
7. 经济发展。讲田制、物产、冶金、商业和货币。
8. 知识发展。讲士的崛起、礼坏乐崩和孔子。
9. 结论。春秋时期的社会转型，以若干现象最突出，如诸侯争霸，楚国同化，中央由将相负责，地方由郡县管理，以及土地私有、冶铁业普及和远程贸易的发展。但最最重要还是士阶层的崛起，以及孔夫子带来的知识突破（intellectual breakthrough）。

案 这是春秋段的历史章，写作材料是《左传》《国语》和先秦子书。

作者特别喜欢讲雅斯贝斯的"枢轴时代"。孔子生活在春秋晚期。他认为，"孔子的道德价值为封建伦理提供了全新解释"，"这一重大突破，把中国文化带入了雅斯贝斯的'枢轴时代'"。

学者盛言雅斯贝斯的"枢轴时代"。它强调的世界性大突破，主要是公元前800—前200年之间，世界五大宗教（琐罗亚斯德教、摩尼教、佛教、犹太教和基督教）创立和一批宗教先知出现。古典时代的希腊、罗马和春秋战国时期的中国，虽然也在这一段，却完全是另一取向。孔子不是宗教先知，而是以家国天下为情怀，热衷世俗政治和现实理性的人。

孔子生活于春秋晚期，心在西周初年，身在战国前夜，是个过渡性人物。我们与其拿他当整个春秋时代的象征，还不如把他看作春秋时代的批评者和诸子时代的"开启者"。他是个承上启下的人物，主要影响在春秋以后。

孔子是中国士文化的代表。士奔仕途是奔官。读书人"穷则独善其身"，是回乡下当地主，"达则兼济天下"，是进城当大官。当官跟当和尚、道士不同，属于世俗政治。

国民党意识形态下的中国学者往往带有"士中心主义"的浓厚色彩，如余英时。他把"士"当中国文化的守护者，"暴民"当中国文化的破坏者，视为中国历史发展的两极。这跟他的文化立场有关。

读《剑桥中国上古史》

史嘉柏对此章评价不高，认为作者对《左传》《国语》深信不疑，"严格来说，是站不住脚的"。史嘉柏写《左传》《国语》的书，2003年获列文森奖。据他研究，"《左传》里不真确的东西很多"。[1]

---

[1] 史嘉柏《文本与文物：〈剑桥中国上古史〉书评》，收入《古史新声》，200—285页。

第九章

战国政治史

（陆威仪）

1. 史料。包括编年史、法家书、官文书、兵书、纵横家书、子书、礼书、地理书、诗赋、汉代杂说十类，大同杨宽《战国史》（上海：上海人民出版社，1980年）5—19页。

2. 列国。分别介绍战国七雄。

3. 卿相专政的国家（作者叫 Ruler-centered State）。讲鲁有三桓、晋有六卿，以及三家分晋、田氏代齐一类现象。

4. 战国体制。讲李悝、吴起、商鞅等政治家在各国的变法，以及郡县制代替封建制。

5. 列国相王局面的形成（作者叫 Formation of Multistate World）。讲列国兼弱攻昧，领土犬牙交错，互派使节，相互称王。

6. 兵法。讲军队组建（以农民步兵代替贵族武士）、军事装备、军队人数（动辄出动20万—40万人）、战争规模、筑城设防，战国是为战争服务的国，名将辈出，兵法发达。

7. 结盟与游说。讲列国兴衰（魏、秦、齐、赵代兴）和苏秦、张仪者流游说其间。作者所说"结盟"（Alliances）指合纵连横。

8. 士与国家。讲诸子百家的学派划分和流变，以及他们的政治背景和经济基础。

9. 人文地理。讲编户齐民、兴修水利和山川祭祀。

案 这里所谓"战国"，年代范围是公元前481—前221年。这段历史，内容比较丰富，分两组四章，政治史和艺术史一组，哲学史和方术史一组。政治史偏历史，艺术史偏考古。哲学史偏历史，方术史偏考古。这四章与春秋段的两章相反，先历史，后考古。

战国时期有两大特点，一是国家军事化，兵法特别发达；二是国家靠文书管理，书写系统特别发达。当时，思想空前活跃，学术空前繁荣，私人著作层出不穷。

作者长于战国秦汉时期中国政治文化的研究。此书之前，作者出版过《早期中国获准使用的暴力》（Sanctioned Violence in Early China, Albany: State University of New York Press, 1990）；此书之后，作者出版过《早期中国的书写和权威》（Writing and Authority in Early China, Albany: State University of New York Press, 1999），正好讲这一文一武。[1] Sanctioned Violence是个大有深意的概念，经常让我浮想联翩，上起史前暴力的演变，下到美国对全世界的军事干涉和经济制裁。制裁一词叫sanction。

---

[1] 后书，戴梅可有书评。史嘉柏对围绕此书的争论有介绍，见氏著《近十年西方汉学界关于中国历史的若干争论问题——2005年10月27日在华东师范大学的学术演讲》（《古史新声》，286—297页）。

第十章

战国的艺术与建筑

(巫鸿)

1.生者的艺术与建筑。建筑：讲列国都邑和城中的宫殿；艺术：讲生者日常起居所用的铜器、玉器、漆器、丝织品，以及有关的镶嵌工艺、雕刻手法、装饰风格和器物上的复杂画面。

2.死者的艺术与建筑。建筑：讲列国陵寝及其陵园，如地上的平面布局，地下的墓室结构和棺椁形制；艺术：讲墓中的随葬品，如专为死者制作的明器、墓俑、镇墓兽和墓主肖像（如陈家大山帛画和子弹库帛画）。

案 作者讲艺术史，经常把生者和死者、宫庙和陵寝分开讲，形成对照。

作者据《仪礼》，把随葬品分为生器（为活人制作的器）和明器（为死者制作的器），明器又分用器（日用器）、燕乐器（乐器）、役器（兵器）、燕器(死者的冠、杖、席)。庙堂祭器也叫人器,陵寝葬器也叫鬼器。

此书之后,作者出版过《中国古代艺术与建筑中的纪念碑性》(李清泉、郑岩等译,上海:上海人民出版社,2009年)。[1]他以"纪念碑性"为主线,讨论中国早期艺术史,引起广泛关注和争论,[2]可供读者作延伸阅读。

史嘉柏对此章的评价是"巫鸿的艺术史叙事处于夏含夷的史学与罗泰的考古学之间的某处"。[3]

---

[1] 原书:*Monumentality in Early Chinese Art and Architecture*, Stanford: Stanford University Press, 1995。作者讲"纪念性",引用"九鼎"传说,其说受张光直影响。参看张光直《美术、神话与祭祀》,北京:生活·读书·新知三联书店,2013年,89—91页。
[2] 参看李零《学术"科索沃"——一场围绕巫鸿新作的讨论》(《中国学术》第二辑,北京:商务印书馆,2000年夏,202—216页)。此文又收入我的杂文集《何枝可依》(149—174页),文后有补记。
[3] 史嘉柏《文本与文物:〈剑桥中国上古史〉书评》,收入《古史新声》,200—285页。

第十一章

古典哲学的写作

(倪德卫)

1. 史料。并不拉书单，介绍具体的书，而是讲先秦子书的体例，如书无作者、书多丛编，以及先秦子书的政治背景。

2. 基础概念。包括"礼"、"德"与"道"、"人"与"我"、"君子"与"小人"等。

3. 孔子。讲他的"作"与"述"、"礼"、"忠"与"恕"和"正名"，以及如何对待历史。

4. 墨子。讲他的主要著作，《尚贤》《尚同》《兼爱》《非攻》《节用》《节葬》《天志》《明鬼》《非乐》《非命》《非儒》，特别是他的"兼爱"思想。

5. 4世纪：杨朱、子华子。介绍墨学转向。作者说，墨学之"义"并非道德感，而是荣誉感，墨家可以为了一句话，付出生命。孟子说，杨朱跟墨子对着干，"杨子取为我，拔一毛而利天下，不为也。墨子兼爱，摩顶放踵利天下，为之"(《孟子·尽心上》)，与墨学之"义"相反。宋钘主张"明见侮之不辱，使人不斗"(《荀子·正论》)，也与墨学之"义"相反。由此开启子华子的"全生"之说，以及后来的"贵生""养生"之说。

6. 孟子。讲他的德论、性善说、养气说。孟子说，天下之学，"逃墨必归于杨，逃杨必归于儒"。孟子是杨朱和子华子的对立面。

7. 诡辩派(Sophists)。指与墨辩有关的名家。先讲惠施的诡辩，次讲《墨子》的《经上》《经下》《经说上》《经说下》《大取》《小取》六篇，最后讲公孙龙的"白马非马"论。

8. 庄子。从濠梁之辩(庄子与惠子著名辩论，见《庄子·秋水》)说起，介绍他的生卒年代、《庄子》一书的结构。然后讲他的思想特点：一是以不介入为知识的基础；二是超然物外，不动情；三是以道为归，大彻大悟；四是齐生死，不以死亡为悲。

9. 韩非子、老子、法家和道家。汉学家多认为，先秦无六家，家是汉代的发明，但这种咬文嚼字，于思想脉络的梳理实有不便，史华兹、葛瑞汉的著作都保留了道、法二家，作者亦然。中国学者讲道家，一般都是把老子放在庄子前，史华兹、葛瑞汉相反，是把老子放在庄子后，[1]作者同。作者以老、韩并叙，道、法为近，与司马迁同。法家是中国的马基雅维利。马基雅维利是欧洲现代政治学的鼻祖，慎到、申不害、韩非也是中国政治学的鼻祖。

10. 《吕氏春秋》和关联思维。作者强调，《吕氏春秋》是集体创作，

---

[1] 史华兹《古代中国的思想世界》，程钢译，刘东校，南京：江苏人民出版社，2004年，196页；葛瑞汉《论道者——中国古代哲学论辩》，张海晏译，北京：中国社会科学出版社，2003年，253页。

杂糅百家，而以阴阳五行说为框架，既不排斥儒家，也不独尊法家。阴阳五行说是一种关联思维，类似现代科学，无所不包。这是讲阴阳家和杂家。

案 作者援西哲说中哲，没什么创意。

中国哲学史是子学西化的结果，胡适是开创者，冯友兰是集大成者，各有千秋。胡适受杜威影响，冯友兰受新实在论影响，都是留美学生，但文化立场不同。讲文化立场，我更倾向胡适；讲学术建设，我更倾向冯友兰。[1]

冯友兰讲中国哲学史，代表作是《中国哲学史》，[2]但在英语世界，影响最大当数卜德译《中国哲学史简编》，[3]作者只引冯氏后书，不引胡书。

西方学者讲先秦哲学史，有两本书名气最大、引用最多，一本是史华兹《古代中国的思想世界》（南京：江苏人民出版社，程钢译，刘东校，2004年）；[4]一本是葛瑞汉《论道者——中国古代哲学论辩》（张海晏译，北京：中国社会科学出版社，2003年）。[5]二书框架大同《简编》，此章又大同二书，学者多以儒、墨、道加三家后学排序，但二书特别看重墨家，

---

[1] 李零《重归古典——兼说冯胡异同》，收入氏著"我们的经典"系列，北京：生活·读书·新知三联书店，2014年。
[2] 冯友兰《中国哲学史》，北京：中华书局，1961年。案：他的《中国哲学史新编》上下册（北京：人民出版社，1998年、1999年）是1949年后思想改造运动的产物，与旧作不同。
[3] 原书：Fung Yulan. Derk Bodde, trans., *A History of Chinese Philosophy*, vol. 1: The Period of the Philosophers, Princeton: Princeton University Press, 1952; *A History of Chinese Philosophy*, vol. 2: The Period of Classical Learning, Princeton: Princeton University Press, 1953。
[4] 原书：Benjamin I. Schwartz, *The World of Thought in Ancient China*, Cambridge, Mass.: Harvard University Press, 1985。
[5] 原书：A. C. Graham, *Disputers of the Tao: Philosophical Argument in Ancient China*, La Salle, Ill.: Open Court, 1989。

认为道家看重本体论,法家看重政治学,名家看重逻辑学,阴阳家看重宇宙关联性,都是墨学之流裔。

葛氏书的结构安排很有意思。他以"道术将为天下裂"(《庄子·天下》)为主线,按"天命秩序的崩溃"—"天人相分"—"天人分途",讲"天人分裂",最后以"帝国及天人的再统一"作结。我认为,中国传统,特点是"国家大一统,宗教多元化",主流是"天人分裂",而不是"天人合一"。"天人分裂"是世俗取向,"天人合一"是宗教取向。宋儒大讲"天人合一",是想折中儒、释、道,把世俗和宗教统一起来。中国历史,国家可以分而合、合而分,但始终没有绝对的宗教统治,这是大好事。

西方文化,"道"是宗教,"术"是科学。汉学家看中国哲学史有他们的文化口味。自传教士初入中国,中国给西方留下个印象,读书人热衷仕途经济(做官)、世俗政治,宗教感淡漠,缺乏终极关怀和缜密的逻辑思维。他们觉得,《论语》是平庸的道德书,不像墨家重视力学、光学、名辩,也不像道家喜欢刨根问底,关心天道、性命,发展出道教,更合他们的口味。赫伯特·芬格莱特强调中国人"即凡而圣",[1]在一定程度上提高了人们对儒家的重视。他所谓的"即凡而圣",其实是宋儒所谓的"道统"。西方人重视儒家或新儒家,还是看重它的宗教化或半宗教化趋势,看重它与西方文化比较合拍的地方,尊重是当异质文化来尊重。

为思想断代是一件麻烦事。古书辨伪,子书是主要怀疑对象。子书被怀疑,除受经学正统制约,主要因为作者不明,年代不明,想"科学"也"科学"不起来。钱穆《先秦诸子系年》是考人的年代,不是考书的年

---

[1] 赫伯特·芬格莱特《孔子:即凡而圣》,彭国翔、张华译,南京:江苏人民出版社,2016年。

代。书的年代多半是据思想的逻辑先后而定，没有绝对年代，只有相对年代。

思想有针对性，针砭时弊，批判对手，不可能无的放矢。射箭，总是先有靶子在前，然后才有人张弓搭箭，瞄准射之，这是讲逻辑先后。中外学者都是以此定年代，此章也并不例外。

中国学者受宋儒道统说影响，往往跳过七十子，直接以孟接孔，把儒家简化为"孔孟之道"。史华兹、葛瑞汉认为，老在庄后。近年，由于简帛古书的发现，我们对古书年代有新认识，比如上博楚简有不少与孔门七十子有关的材料，有助解构道统说，填补孔孟之间的缺环，而《老子》古本（郭店本、马王堆本和北大汉简本）的发现，也让我们看到《老子》文本从战国到西汉初到西汉末的演变轨迹，足以纠正史华兹、葛瑞汉对老、庄先后的判断。

研究哲学史，历来倚重的是传世文献，中外并无不同。此章未能使用新出简帛，仍然以传世文献为主。

胡司德说，此章"从上世纪90年代来看就颇有些传统保守了"（《鲁惟一访谈》）。

鲁惟一说，"夏含夷和我都不支持倪德卫那样的写法"（同上）。

第十二章

战国的自然哲学与方术思想

（夏德安）

1. 定义和史料。本章有两组术语，反复出现，最重要，一是natural philosophy，即"自然哲学"；二是occult art或occult thought，前者可译"方术"，后者可译"方术思想"。"自然哲学"和"方术思想"，即章题所用。"自然哲学"指以自然为对象但又有别于现代自然科学的知识体系，特别是阴阳五行理论。"方术"则指占卜、禁祝等带有超验性质的各种神秘技术。作者有意回避中国科技史界常用的"科学"概念，也不愿使用"宗教"一类字眼。

2. 战国方士及其文献。讲战国时期擅长数术、方技的专家和《汉书·艺文志》对数术、方技的分类。作者把"数术"译为Calculations and Arts，把"方技"译为Recipes and Techniques，这是照字面含义直译。

3. 天文历法。相当《汉书·艺文志·数术略》的前两类。作者讲天文，以式法类的出土物和斗岁游行为主；讲历法，除传世的月令类文献，还提到子弹库帛书和历年出土的秦汉日书。他常用的correlative cosmology一词，字面含义是"关联宇宙论"，实指阴阳五行说的配数配物体系。

4. 龟卜筮占。相当《汉书·艺文志·数术略》的第四类：蓍龟。除《左传》《国语》的有关记载，作者提到包山和天星观出土的楚占卜简。

5. 阴阳五行。《汉书·艺文志·数术略》以五行为第三类。作者说，战国时期的correlative cosmology由三部分组成：气、阴阳和五行。五行，汉学家有各种译法，作者采用的是Five phases。

6. 宗教与巫术。相当《汉书·艺文志·数术略》的第五类：杂占。

7. 医学。相当《汉书·艺文志·方技略》的方技。除《黄帝内经》等传世文献，作者还论及马王堆医书和张家山汉简的《脉书》《引书》。研究马王堆医书，作者有一部专著：《早期中国的医学文献——马王堆医书》(*Early Chinese Medical Literature: The Mawangdui Medical Manuscript*, Sir Henry Wellcome Asian Series, Vol. 2, London: Kegan Paul, 1997)，这一部分的讨论多引自该书。

8. 结论。作者认为，研究精神领域，文字记载比口头传说更重要；出土文献证实，战国时期，阴阳五行说与巫术紧密结合，方士与诸子文献共享，科学与巫术仍然混在一起。

案 作者说，先秦诸子，除晚期墨学，主流是以个人、社会、国家、天下为关注点，但从公元前4世纪到公元前3世纪，开始出现一批研究天文、历算、占卜、医学的专家，即汉代所谓的阴阳家和方士，他们对自然现象产生浓厚兴趣，并把这类知识系统化，形成以阴阳五行说为基础的关联宇宙论。

方术跟很多方面有关。第一是巫术，方术源于巫术，但比巫术高级。第二是宗教，夏德安把方术翻成occult art，occult art的意思是"神秘的技术"或"秘术"。这个词与中国早期宗教或汉律所谓的"左道旁门"（西方多称cult）有关，两者是配套概念。第三是科学，方术中的天文历算和医学属于proto-science（元科学或前科学）。方术对理解巫术与宗教、宗教与科学的关系十分重要。

方术是哲学家（如墨家或阴阳家）的创造还是方士的创造，它是属于大众文化还是精英文化，或法国汉学家说的"通用宗教"（common religion），恐怕还值得讨论。

中国是个文字系统特别发达的国家，早就脱离马背行吟、口口相传的传统。作者说，研究精神领域，文字记载比口头传说更重要，非常正确。

疑与信谁更科学，考古与文献谁更可靠，这类对立都是虚假对立。作者一向看重出土文献。出土文献，既是考古发现，又是文献记载，这对破解上述对立很有意义。

从出土文献看古书体例，为重新理解中国的辨伪学传统提供了很多例证，也为反省文本研究的方法论提供了很多例证，值得认真总结。[1] 方术只是其中的一个侧面。

---

[1] 李零《简帛古书与学术源流》（修订本），北京：生活·读书·新知三联书店，2004年。

第十三章

前帝国时期的中国北方边疆

（狄宇宙）

1. 北方地带的文化分期，即下述四段。

2. 公元前二千纪的北方边疆。讲典型遗物(如短剑、短刀、銎斧、铜镜、弓形器)和遗址分布(如夏家店下层和内蒙古朱开沟、河北抄道沟、辽宁白金宝、山西石楼、河南安阳和甘肃、宁夏的发现，有分布图)，它们与商的关系(如战车)，与北亚和中亚的关系，以及历史记载的相关族群(如舌方、鬼方、土方、羌方)。

3. 西周到春秋早期(约前1000—前650年)，讲狩猎采集向畜牧生活(Pastoral Nomadism)的过渡、铁器出现、文化分区(分东北、中北、西北三区，有分布图，东北是夏家店上层文化分布区，中北有甘肃灵台和北京昌平、延庆的发现，西北有甘肃、青海的发现)和历史记载的相关族群(鬼方、狁、戎)。

4. 春秋中期到战国中期(约前650—前350年)。讲早期游牧文化

（Early Nomadic Cultures）的发展、考古文化的分区（分东北区、中北区、西北区和新疆区，有分布图）、冶金术（青铜铸造和铁器铸造）和历史记载的族群（狄）。

5. 战国晚期到秦（约前350—前209年）。讲考古遗址的分布（主要讲鄂尔多斯地区和鄂尔多斯青铜器）、北方游牧人与中原各国的关系、汉地对北方游牧人的知识和匈奴的崛起。

案 此章相当又一组的考古章，与上一章同，与下一章异。

中国历史，华夏居中原，蛮夷戎狄居四裔，二分天下，汉族史只是一半，还有一半是匈奴史、鲜卑史、突厥史、蒙古史、满族史、藏族史等等。西方所谓的欧洲史，同样也是由日耳曼人、哥特人、凯尔特人、斯拉夫人，甚至闪人、蒙古人、突厥人的历史组成，不光是盎格鲁—撒克逊人的历史。

司马迁的《史记·匈奴列传》是中国最早的民族志，向来为治中国边疆史地和研究民族史的学者所重。王国维的《鬼方昆夷猃狁考》就是以追溯匈奴起源为中心，[1]此章也如此。

研究中国边疆史，拉铁摩尔（Owen Lattimore，1900—1989年）有一部名著，《中国的亚洲内陆边疆》（*Inner Asian Frontiers of China*，唐晓峰译，南京：江苏人民出版社，2010年），原书出版于1940年。所谓"亚洲内陆"就是美国"内亚史家"近年热炒的"内亚"一词，所谓"亚洲内陆边疆"，即中国的四大边疆：东北、内蒙古、新疆、西藏。这批学者倡言的"内亚史"是把中国的四大边疆纳入他们所谓的"大游牧文化"，为

---

[1] 王国维《鬼方昆夷猃狁考》，收入《王国维遗书》，第二册，《观堂集林》卷十三：1—12页。

"中国"概念缩水。

现代中国,"边疆"是敏感话题。汉学家多沿用清代的"中国本部"(China Proper)概念,把中国的四大边疆当"中国本部十八省"以外的概念,"汉文化"以外的概念。作者怎么想,不知道。反正西藏不在他理解的"北方"概念里。借助"北方"一词,他可以回避这个问题。但讲中国边疆,不可能不涉及这一问题。现在,西藏考古有大发展。缺了西藏考古这一块,不能叫"中国考古"。

汉学家研究中国,通常是从离他们最近的地方,由近及远,一步步逼近离他们最远的中国。他们把亚洲分为东、南、西、北四亚,以及东北亚、东南亚和中亚。所谓"内亚",不仅包括今中亚五国,也包括中国的四大边疆。中国是被这类概念切割。他们并不在乎中国的边境线在哪里,更重视跨境研究,对中国内部的地区差异和民族差异饶有兴趣。他们和中国传统的征服王朝如元、清有相似的视角,即"自外以观内"(日本也如此),在感情上更认同元、清,如美国"新清史"。

此书后,作者出版过《古代中国与其强邻——东亚历史上游牧力量的兴起》(贺严、高书文译,北京:中国社会科学出版社,2010年),[1] 可供读者作延伸阅读。2017年,他接受采访,说Enemies还是译为"敌人"好。[2] "敌人"当然更符合原文,"强邻"恐怕是出于政治考虑的曲译。[3]

---

[1] 原书:Nicola Di Cosmo, *Ancient China and Its Enemies: the Rise of Nomadic Power in East Asian History*, Cambridge:Cambridge University Press, 2002。
[2] 《狄宇宙(Nicola Di Cosmo)教授访谈录》,彭鹏、曹大志采访,曹业成、于璞翻译补充,《南方文物》2017年1期,40—45页。
[3] 中国是个历史形成的概念,并随历史变化而变化。近代中国对历史上的"华夷之辨"和"汉胡之争"看法已经不同以往。"敌"是历史概念,"邻"是现代概念,一字之差,可以反映学者在这个问题上的历史纠结和政治敏感。参看谭其骧《历史上的中国和中国历代疆域》,《中国边疆史地研究》1991年1期,34—42页。

作者从考古角度讨论"中国北方边疆",李海荣、林沄有评论。[1]据作者本人讲,此章标题是借用林沄使用的"北方地区",但林沄说,他的"北方地带"是"长城地带",不包括东北,也未涉及新疆,他对北方地区考古文化的分期也不同于作者。[2]

夏含夷认为,李海荣文只是介绍,林沄文与《剑桥中国上古史》的核心篇章无关,不予置评。[3]

---

[1] 李海荣《〈中国前帝国时期的北部边疆〉一文介评》,收入《古史新声》,158—171页(原载《北方文物》2002年2期);林沄《柯斯莫〈中国前帝国时期的北部边疆〉述评》,收入《古史新声》,172—185页(原载《吉林大学社会科学学报》2003年3期)。

[2] 参看林沄《林沄学术文集》,北京:中国大百科全书出版社,1998年。又乌恩岳斯图《北方草原考古学文化比较研究:青铜时代至早期匈奴时期》,北京:科学出版社,2008年。

[3] 夏含夷《〈剑桥中国上古史〉的读者反响》,收入《古史新声》,64—76页。

第十四章

留给帝国的遗产

（鲁惟一）

1. 帝国的创造及其危险。讲秦灭六国，短命而亡，中国陷入内战，汉承秦制，也充满危机，直到王莽、刘向、刘歆出，秦代的法家原则才式微，西周的道德原则才受宠。

2. 历史教训。讲中国的史学传统。作者说，中国的史学之父司马谈、司马迁把历史叙事的开端定在黄帝，黄帝以前不谈，接下来讲三代、十二诸侯、六国和秦汉，为中国史学树立了标准，只有荀悦和司马光提供了更好的编年。

3. 宗教仪式。讲《史记·封禅书》《汉书·郊祀志》中的宗教传统，以及秦汉对宗教的整合和统一。

4. 诸子遗训。讲汉代学术对先秦学术的继承。作者说，先秦学术传到汉代，被强分为六家，但儒、墨、道都发生巨大变化，很难按此归类，五经也是汉代学术。

5.帝王传统。讲黄老之学和刑名法术对汉代统治术的影响。作者说，慎到、田骈、接子、环渊、申不害、韩非治其学，师其术。黄老之学与刑名法术并称，流行于汉初。道家见于《汉书·艺文志》，分三个传统，一个出自《管子》，一个出自《老子》《庄子》，一个出自申不害和《黄帝四经》。申不害是以道家为本的法家，《黄帝四经》是讲大一统（采杜维明说）。

6.统一意识。从神话系统（Mythology）讲族源不同，从术语系统（Terminology）讲夷夏之别，从畿服系统（Zones and Hierarchies）讲臣服层次，从宇宙系统（A Cosmic System）讲统一意识，以及帝国秩序背后的残酷现实。

7.制度规范和管理实践。讲"法"的概念和实践、简帛文书、历朔和簿记（民户和土地的登记）、官制、军制，以及经济管控。

8.城邑、宫殿、祠畤和陵墓。讲上述制度和观念的物质遗存。

9.结论。作者说，大一统国家一直面临两难选择，要么用行政手段，靠选贤任能控制国家，要么用道德手段，靠祖先崇拜和亲属关系维持人民的效忠。这个难题，两千多年都得不到解决，但帝国统治者终于找到一个可以衔接世俗权威和君权神授的环节。这一环节，春秋战国时期，虽然阙如，但一百年后，又被恢复。帝国的存在有不少好处，如降低宫廷内部的暴力活动，统一税收标准，鼓励人才流动，有利艺术繁荣，但也有很多弊端，如对宗教的镇压，代价是"丰富的民间活文化被消灭，特别在南方"，作者说，"幸好，这类标准并非普遍有效"。

案 所谓"留给帝国的遗产"，指春秋战国为秦汉大一统做历史铺垫，由此构成此书向《剑桥中国史》秦汉卷的过渡。作者认为，这是个缓慢的过程，并非一蹴而就。

春秋战国是个分裂时期，跟前面的西周大一统和后面的秦汉大一统正好相反。虽然，当代人喜欢说，百家争鸣是中国思想的黄金时代，但当时人，无论统治者还是老百姓，没人说好，就连诸子百家也不满意，谁都说"天下无道"，但求以一家之言取百家之言而代之，结束这种局面。[1]

汉学家对大一统，看法一般都比较负面。上述结论对大一统有褒有贬，主要是贬。贬是贬"帝国对宗教的镇压"。其实，"大一统"的"统"是兼容并包，中国只有国家大一统、学术大一统，没有宗教大一统。世界六大宗教，佛教、祆教、摩尼教、景教、伊斯兰教、犹太教，很多都是为了躲避宗教迫害到中国寻求庇护。历史上，"帝国对宗教的镇压"多半是为了应付民间造反和财政危机，与宗教正统对宗教异端的镇压迫害无关，远比西方有包容性。

作者的说法是西方视角下的传统偏见。

中国和西方都有大一统，有利也有弊。国家大一统、宗教大一统，这是过去，金钱大一统，这是现在。很多问题，不仅属于过去，也属于现在。

史嘉柏对这一章不太满意，认为它主要依赖传世文献，不讲考古，跟上述各章脱节，不像全书的总结。[2]

---

[1] 秦始皇焚书坑儒和汉武帝独尊儒术都是为了定黑白于一尊。定黑白于一尊是诸子百家的共同想法，唯一不同，只在投上所好，定谁家的学说于一尊。公元前214年，秦始皇置酒咸阳宫，请当时的文学士和方术士共商国是，但他们谁都容不下谁，大吵起来，最后导致焚书坑儒。

[2] 史嘉柏《文本与文物：〈剑桥中国上古史〉书评》，收入《古史新声》，200—285页。

小　结

世界各大文明，多半都是"失落的文明"，如基督教世界与古典时期是两截，伊斯兰世界与前伊斯兰时期也是两截，前后划然有别，考古材料与历史记载往往脱节。"历史"概念的标准和起讫自然也不同。

中国有所不同，历史存在连续性。

中国，书写传统特别发达，文献史料，传世和出土都很多。学者喜欢讲王国维的"二重史证"。"二重史证"是金石学传统，出土物，看重的是文字，不包括西方引以自豪的田野考古。它以出土文献验证传世文献，出发点是传世文献，带有文字中心主义的倾向，汉学家不习惯也不喜欢。他们更倾向于"考古自考古，文献自文献"，相信考古，怀疑文献，喜欢拿前者跟后者打擂。

此书采用"二元叙事法"，试图平衡考古与文献，结果两面不讨好。一方面被中国学者谢维扬批评，[1] 一方面被美国学者史嘉柏批评。[2] 夏含夷对这两种批评均有回应，[3] 左批谢维扬，右批史嘉柏，强调各种证据应当整合，而非彼此拆台、互相抬杠。

---

[1] 谢维扬《谁识庐山真面目？》，收入《古史新声》，186—190页（原载《文汇报》2001年4月7日）；《古书成书情况与古史史料学问题》，收入《古史新声》，191—199页（原载谢维扬、朱渊清主编《新出土文献与古代文明研究》，上海：上海大学出版社，2004年）。

[2] 史嘉柏《文本与文物：〈剑桥中国上古史〉书评》，收入《古史新声》，200—285页；史嘉柏《近十年西方汉学界关于中国历史的若干争论问题——2005年10月27日在华东师范大学的学术演讲》，收入《古史新声》，286—297页。

[3] 夏含夷《证^2＋证^3＝证^5＝证＝一（二重证据法加三重证据法等于五重证据法当且仅当终应归一的证据）——再论中国古代学术证据法》，收入《古史新声》，330—351页。

附录
史学与考古：如何整合[*]

西方同行怎么看中国上古史，《剑桥中国上古史》是很好的窗口。2009年，我请生活·读书·新知三联书店把全书复印，分寄有关学者(我们那一辈的学者)，请他们写评论，可惜应者寥寥。2017年，我在北京大学组织文科四系的学生开讨论课，希望年青一代能关注此书，从中了解西方同行和我们不一样的想法，特别是他们的文化立场和文化心理。他们读后，觉得大开眼界。[1]

今年是此书出版二十周年，值得纪念。下面，我把我的读后感简单讲一下。

首先，此书的结构是采用二元叙事法。所谓"二元叙事法"，就是按考古一章、历史一章，每两章为一组，交错排列，考古章以实物史料为主，历史章以文字史料为主，形成对比。

夏含夷迷《周易》，这个叙事法，让我想起易卦，即"一阴一阳之谓道"(《易·系辞上》)。

中国学者推崇"二重史证"，以地下史料(即实物史料)与地

---

[*] 此文是应夏含夷教授邀请，在《剑桥中国上古史》出版二十周年研讨会(芝加哥大学北京中心，2019年9月11—12日)上的首场发言，写于2019年8月13日。研讨会分两场，另一场在香港(2019年9月14—15日)。

[1] 夏含夷、罗森、许宏参加过这门讨论课。

上史料(即文字史料)互证，视为治学的不二法门。汉学家相反，认为传世文献晚出，不能当早期史料，只有"同期史料"即考古材料最可靠，考古材料的用途，不是证经补史，而是用来解构传世文献和"永恒中国"。

史嘉柏的书评《文本与文物》，值得一读。表面看，这里引起争论的问题，只是两种史料谁更可信，疑信之间如何选边站队，实际没这么简单，后面有文化立场和研究方法的深刻分歧。

汉学家讲中国历史，跟我们有很多不同，不同就是不同，用不着回避。

他们对中国同行，通常有三个批评：一是被洗脑，迷信苏俄式马克思主义教条(因为政治敏感，一般不公开讲)；二是民族主义，老是强调中国本位和中国特色，迷信"永恒中国"，错把现代中国当古代中国(公开讲)；三是过于传统，迷信文献，迷信传说，缺乏怀疑，不讲证据，没有现代眼光，没有科学态度，错把考古资料当证经补史的辅助性材料(更是力加挞伐)。反对和被反对具有十足的对称性：你文献，我考古；你传统，我现代；你迷信，我科学；你民族，我国际……

有意思的是，为了做到一视同仁、不分彼此，避免种族歧视或民族歧视的指责，有违西方公认的"政治正确性"，两位主编在导论中说，中国学者有"信古""疑古"之争，"信古派"代表"传统史学"和"民族主义"，为西方学者所不取，但同时又自我批评，承认彼此都有偏见，谁的偏见也不比谁少。最后有个判断，"尽管有诸如此类的保留，我们还是很难否认这个结论，即近三十年的考古发现，它们主要不是推翻而是肯定了中国古代传统文献记载的可靠性"。

这一判断，在汉学圈里，恐怕最有争议，并不能代表各章作者的看法。我想，在一个有高度认同(至少在不认同中国学术的前提下)又标榜个体差异的学术环境里，恐怕要算"大同小异"的"异"。有些汉学家说，夏含夷"太中国"，大概就是指他的这一立场。

我倒觉得，两位主编的看法，相对比较公允。他们对中国考古的上述判断也有很大合理性。

史学和考古是冤家对头吗？我想不是。

历史，我是说广义的历史，文字史料和实物史料都很重要。中国，书写传统强大，史学记载连续，无疑是一大特点。中国早就脱离马背行吟、口口相传的传统。夏德安说，研究精神领域，文字记载比口头传说更重要，非常正确。中国史学是建立在文字传统之上，而不是口头传统之上，这点很重要。

文献记载分传世文献和出土文献。史嘉柏说，两者都是文物，这是对的，两者都是古人所遗，背后是人。文物也有传世文物和出土文物。现在的博物馆图录都是把出土文物和传世文物放在一起，互相校注，"死马当作活马医"。顾颉刚说，古书是层累形成（注意：层累形成不等于层累作伪）。古代遗存有地层叠压，古书也有。两者都是后来居上，需要"考古发掘"，一层层往下挖，弄清各层的早晚关系。

我们都知道，酒要盛在杯子里，不但杯子的年代不等于酒的年代，酒本身也可能是鸡尾酒。我们不能简单说，传世文献都不可靠，只有出土文献最可靠。

比如倪德卫讲中国哲学史的一章，基本框架就是根据传世文献，离开传世文献，根本没法讲。再比如夏德安讲中国方术史，方术书，从汉到清，连续性极强，汉代的说法一直可以沿用到清代。宋以后对理解宋以前很有帮助。比如我用明《素女妙论》讲马王堆房中书，就是一个例子。

还有一个例子，搞古文字的更熟悉。清代郑珍，就是写《汗简笺证》的人，他给郭忠恕的《汗简》作注，目的是捍卫许慎，破郭忠恕，但他注了半天，反而证明郭书传承有自。现在，我们这行都知道，出土发现证明，宋代传世古文对重建战国文字研究太重要。

研究文本，方法很重要。中国的文本研究，除了顾颉刚，还有余嘉锡，特别是红楼整理组开启的出土文献研究。这个整理组集合了当时最好的古文字学家，在材料面前，大家都承认，传统辨伪学在方法上很有问题，《伪书通考》《续伪书通考》都是厚诬古人。李学勤的《走出疑古时代》就是以此为背景。大家对古史的新一轮讨论，还是由此触发。

汉学家看重顾先生，主要看重的是他的怀疑态度，因为西方的文本研究也是从怀疑西方传统开始，从怀疑《圣经》开始。怀疑是针对迷信，迷信是科学的对立面，但怀疑不等于科学，相信也不等于迷信。疑、信是人类认识史的两面。疑不是为疑而疑，而是为了信，知道哪些是知之，哪些是不知，什么是可靠的东西，什么是不可靠的东西。如崔述疑古，他的书叫《考信录》，他都知道，疑古是为了考信。西方法学讲"疑罪从无"，疑要讲证据，信也要讲证据，没有证据，不能给人定罪。孔子说，多闻阙疑。多闻就是要多求证据，阙疑就是把不能证实的怀疑搁置起来。

其实，顾先生的文本研究，从方法上讲，是源自宋以来的辨伪学。宋以来的辨伪学，并非纯方法，它从一开始就与文化立场有关，比如尊经黜子，尊今文，黜古文，疑古是为了树道统。顾先生和他们不同。"疑古运动"是五四运动的产物。他疑古书，是为了疑古史，疑古史是为了破道统，这是受时代风气影响（不是直接受日本或西方影响），很现代，但方法是绍继姚际恒、崔东壁，又很传统。

研究古史，顾先生只是一家。他编《古史辨》，钱穆写《刘向歆父子年谱》，王国维写《古史新证》，当时就批评。后来考古发现日增，傅斯年、蒙文通、徐旭生也批评，风向发生转变。

顾先生毕生致力于《尚书》研究，特别是《禹贡》研究。但他和刘起釪先生留下的《尚书校释译论》，最后结论还是回到王国维的看法，《禹贡》的基本思想属于西周时代。

考古是从西方引进的学问。西方考古，分史前考古、古典考古、近东考古，以及世界其他地区的考古，不同时期、不同地区，各有特点，如古典考古重艺术，近东考古重铭刻，非洲考古、大洋洲考古和美洲考古重人类学，没必要搞成一样。文献史料和实物史料，早晚占比不同，也不必使用同一标准。

美国考古学是在美洲考古的基础上发展起来，最重人类学，最重旧石器考古，最重以后证前的类比法，一般被归入社会科学。我国不同，旧石器考古归中科院双古所，新石器以下的考古归社科院考古所。很多人理解的考古主要是后一类考古，特别是历史时期的考古。我国，文献史料丰富，历史记载连续，考古学一直属于广义的历史学，一直属于人文研究。

史前考古，无文献可征，当然不能用历史时期的方法研究。但历史时期，文献激增，同样也不能用史前考古的方法研究。文献与考古是随历史发展而互为进退。两者对得上对，对不上不要乱掺和。既不要人为地拆，也不要人为地合，顺其自然。

通读《剑桥中国上古史》，显然已入有史时期。有史时期，不能弃文献于不顾，当史前史研究。这段历史是不是可以写成"纯考古史"，我看不行。别说光靠甲骨、铜器不行，就是拿社科院考古所写的《中国考古学》夏商卷、两周卷当中国上古史，也不行。

最后，让我总结一下：

1.中国是历史形成的中国，不完全是现代建构。中国史一直是夏含夷、夷含夏，每朝每代如此。孔子说了，逝者如斯夫，好像一条河。刻舟求剑，貌似科学，但李白说，抽刀断水水更流。

2.疑与信谁更科学，考古与文献谁更可靠，纯属虚假对立。传世文献有局限性，考古材料也有局限性，两者都是古人留下的剩饭残羹。材料不同，各有读法。问题不在哪种材料更可靠，而在读法对不对。读对了，相得益彰，读错了，谁也帮不了谁。就这么点材料，还拧着来，无异自杀。

Copyright © 2023 by Life Bookstore Publishing Co., Ltd.
All Rights Reserved.

本作品版权由生活书店出版有限公司所有。
未经许可，不得翻印。

图书在版编目（CIP）数据

考古笔记：疫中读书记 / 李零著. —北京：生活书店出版有限公司, 2023.9
ISBN 978-7-80768-395-7

Ⅰ.①考… Ⅱ.①李… Ⅲ.①考古学－文集 Ⅳ.①K85-53

中国版本图书馆CIP数据核字(2022)第228676号

责任编辑	李方晴　欧阳帆
装帧设计	范晔文
责任印制	孙　明
出版发行	生活書店出版有限公司
	（北京市东城区美术馆东街22号）
邮　　编	100010
制　　作	北京金舵手世纪图文设计有限公司
印　　刷	北京启航东方印刷有限公司
版　　次	2023年9月北京第1版
	2023年9月北京第1次印刷
开　　本	635毫米×965毫米　1/16　印张50.25
字　　数	598千字　图46幅
印　　数	0,001－5,000册
定　　价	239.00元

（印装查询：010 64052066；邮购查询：010 84010542）